Christoph Haider

Eucharistie erleben und verstehen

Christoph Haider

Eucharistie erleben und verstehen

SANKT ULRICH VERLAG GmbH

Bibliographische Information der Deutschen Bibliothek

Die Deutsche Bibliothek verzeichnet diese Publikation in der Deutschen Nationalbibliographie; detaillierte bibliographische Daten sind im Internet über http://dnb.ddb.de abrufbar.

Umschlaggestaltung: uv media werbeagentur
Mediengruppe Sankt Ulrich Verlag, Augsburg
Druck und Bindung: Westermann Druck Zwickau GmbH
Printed in Germany
ISBN: 978-386744-015-8
www.sankt-ulrich-verlag.de

Inhalt

Geleitwort

Ohne Übertreibung kann ich sagen, daß ich von den Gedanken aus der Feder von Herrn Pfarrer Haider ausgesprochen angetan bin. Er hat die Gabe, echte und ungekünstelte Frömmigkeit mit liturgischem Sachverstand und theologischer Präzision zu verbinden.

Mit Freude stelle ich fest, daß die Ausführungen von Pfarrer Haider der Lehre der Kirche treu bleiben und liturgisch und dogmatisch tadellos sind, ohne dabei in irgendeiner Weise trocken zu wirken. Weil die Worte dieses Bandes der Liebe zu unserem eucharistischen Herrn und Heiland entspringen, sind sie auch voll und ganz dazu angetan, diese Liebe in den Herzen der Leser zu wecken. Ich wünsche den hier vorgelegten Impulsen zur Eucharistie die Aufmerksamkeit und Resonanz, die ihnen mit vollem Recht zukommen.

+ Joachim Cardinal Meisner

Vorwort

Dieses Buch über die heilige Eucharistie kann bereits auf eine kleine Entstehungsgeschichte mit Sitz im Leben zurückblicken. Am Anfang stand eine tiefe persönliche Beziehung zur Liturgie seit meiner Kindheit. Sie wurde mir zuerst durch meine Eltern vermittelt, indem diese die Eucharistie im wahrsten Sinn des Wortes zum täglichen Brot ihres Lebens werden ließen und auf diese Weise inspirierenden Einfluß auf mich hatten. Als Ministrant der Herz-Jesu-Basilika in Hall in Tirol, einem Gotteshaus mit ständiger Anbetung, wurde mir das Heilige richtiggehend und bleibend ins Herz gepflanzt. Seit meiner Priesterweihe ist es mir ein großes Anliegen, die Freude am Gottesdienst auch anderen Menschen zu vermitteln, durch die Art und Weise des „Zelebrierens", durch Liturgie-Schulungen, durch Predigtreihen und andere pastorale Initiativen. Aus Anlaß des von Papst Johannes Paul II. ausgerufenen „Jahres der Eucharistie" stellte ich für das katholische Internet-Medium „kath.net" eine kleine Fortsetzungs-Serie zu liturgischen Fragen ins Netz. Da die Beiträge auf reges Interesse der Leser stießen, kam die Frage auf, ob es möglich wäre, sie gesammelt herauszugeben. Diesem Anliegen folgte eine Broschüre im Eigenverlag. Die positiven Rückmeldungen, darunter auch von mehreren Bischöfen, regten mich an, im selben Stil über dieses Glaubensgeheimnis weiter zu schreiben.

Dankbar dafür, daß die Gedanken zur Eucharistie offenbar Menschen anregt haben, die heiligen Geheimnisse tiefer zu verstehen und mitzufeiern, kann ich nun dieses Eucharistie-Buch einer breiteren Öffentlichkeit vorlegen. Der Stil der ursprünglichen Artikelserie und die Reihenfolge der Kapitel sind bewußt beibehalten. Gerade deshalb erheben die Ausführungen keinerlei Anspruch auf Vollständigkeit. Mein Wunsch ist, daß dieses Buch ein Beitrag sei, die durch das Zweite Vatikanische Konzil eingeleitete Erneuerung der Liturgie zu vertiefen, ihren spirituellen Reichtum aufzuzeigen und anzuregen, die Eucharistie im Geist und in der großen Gemeinschaft der Kirche zu feiern.

Mein Dank gilt meinen Priesterfreunden der geistlichen Familie „Das Werk" für ihre wertvollen Anregungen im Korrekturlesen. Die Entstehung des Schlußkapitels „Das Sakrament der Liebe" verdanke ich einem Denkanstoß meines Diözesanbischofs Dr. Manfred Scheuer. Kardinal Joachim Meisner danke ich sehr herzlich für sein Geleitwort. Dem Sankt Ulrich Verlag mit Herrn Dr. Bornhausen spreche ich ein besonderes Dankeschön aus für die freundliche Betreuung und Unterstützung des Projekts.

Oberhofen, am Hochfest Mariä Empfängnis,
8. Dezember 2007
Pfarrer Christoph Haider

Schauplätze der Liturgie

Wer ein Gotteshaus betritt, geht über eine Schwelle. Bei vielen Kirchen ist die Schwelle niedrig. Trotzdem ist ein Unterschied zwischen draußen und drinnen. Es gab eine Zeit, da man neue Kirchen bewußt profan gebaut hat – mit Asphalt, Pflastersteinen und Beton –, wohl um den Unterschied zwischen weltlich und kirchlich aufzuheben, zwischen profan und sakral. Inzwischen ist eine kleine Trendwende festzustellen. Neue Kirchenbauten heben sich durchaus wieder von ihrer Umgebung ab. Der Mensch benötigt das Heilige, sonst versinkt er im Gewöhnlichen. Wer zum Gottesdienst geht, betritt „heiligen Boden“ (vgl. Ex 3,5). In vielen Kirchen ist der Boden zudem ehrwürdig durch das hohe Alter der Steine.

Das Gotteshaus gliedert sich in Schiff und Presbyterium. Zwei schöne Umschreibungen! Im Schiff versammelt sich das Volk. Jeder, der durch die Taufe in Jesu Boot eingestiegen ist, hat hier seinen Platz. Es gibt keine Rangordnung zwischen Bürger und Arbeiter, zwischen Frau und Mann, zwischen Kind und Erwachsenem. Jeder kann Platz nehmen, wo er will. Denkt man bei „Schiff“ an ein Ruderboot, so bewegt sich die Gottesdienst-Gemeinschaft mit zwei Rudern fort, die Gottesliebe in der Rechten, die Nächstenliebe in der Linken. Soll die Kirche ein Segelschiff sein, ist der Heilige Geist der treibende Wind in den Segeln.

Das Presbyterium ist der Raum für die Priester, wie der Name sagt. Der Priester ist geweiht, um der Messe vorzustehen. Er ist nicht bloß Moderator. Aufgrund seiner Weihe feiert der Priester die Messe „in persona Christi“, an Christi Statt. Den feiernden Priester umgeben im Altarraum auch Laien, die keine Weihe empfangen haben. Es sind dies Ministranten, Lektoren, Kantoren und alle, denen ein besonderer Dienst bei der Messe übertragen ist. Ihre Anwesenheit im Presbyterium erinnert daran, daß in der Taufe jeder Christ Anteil am Priestertum erhalten hat. Zwar besteht ein wesentlicher Unterschied zwischen dem Weihepriestertum des Bischofs und der Priester einerseits und dem allgemeinen Priestertum aller Getauften andererseits. Beide aber – Priester und Laien – sind aufeinander hingeordnet und aufeinander verwiesen. So wie es keine Messe ohne Priester gibt, soll normalerweise das Volk vertreten sein durch wenigstens einen Ministranten.

Der Priester eröffnet die Meßfeier vom Priestersitz aus. Danach wechselt der Schauplatz an den Ambo, das Lesepult. Hier vollzieht sich der erste Hauptteil der Messe. Ähnlich wie der Altar wird auch der Ambo bei einer Kirchweihe gesegnet und geheiligt. Er gehört hervorgehoben und reserviert für die Verkündigung des Wortes Gottes. Andere Ansprachen wie Dankesreden, Kommentare, Liedproben gehören nicht an den Ambo. Das Wort Gottes in Lesung, Antwortpsalm, Evangelium und Predigt soll hervorragen. Am Ambo wird uns bei der Messe der „Tisch des Wortes“ (vgl. Zweites Vatikanisches Konzil, Liturgiekonstitution 51) gedeckt.

Der andere Tisch ist der Altar. Er ist der Ort des Geschehens beim zweiten Hauptteil der Messe, bei der eigentlichen Eucharistiefeier. „Tut dies zu meinem Gedächtnis“ (Lk 22,19) hat Jesus beim Abendmahl gesagt. Am Altar tun wir, was er uns aufgetragen hat. Der Altar ist die Mitte, das Zentrum der Messe. Die Lebenshingabe Jesu, seine Liebe bis in den Tod, erneuert sich im Opfer auf dem Altar. Deshalb küßt der Priester am Beginn und am Schluß der Messe den Altarstein. Es ist ein Ausdruck des Dankes gegenüber der kostbaren Gabe, die Gott hier schenken will: sich selbst in seinem Sohn. Der Altar ist Sinnbild für den Herrn selbst. Nach Möglichkeit soll er aus Stein gehauen sein, mit einem Leinentuch bedeckt, mit Kerzen beleuchtet und mit Blumen geschmückt – diese sollen allerdings eher vor dem Altar stehen als darauf. In die Nähe des Altars gehört das Kreuz. Es ist das sichtbare Zeichen für die Opferliebe Jesu. Um sie geht es, wenn wir Eucharistie feiern.

Das Subjekt der Liturgie

Wer ist handelndes Subjekt der Liturgie? Um diese Frage entbrennen immer wieder Diskussionen. Ist es die Gemeinde? Der Priester? Eine brauchbare Antwort erhalten wir aus der Liturgie selbst. Feiert ein Bischof die Eucharistie, so begrüßt er – und nur er – die versammelte Gemeinschaft mit „Der Friede sei mit euch". Für ein geübtes Christenohr klingt hier der Ostertag an. Das war der Gruß des Auferstandenen an seine Jünger. Der Evangelist Johannes läßt den Herrn nach seiner Auferstehung die Jünger zweimal hintereinander ansprechen mit „Der Friede sei mit euch" (Joh 20,19.21).

Wenn der Bischof mit diesem Ostergruß die Eucharistiefeier eröffnet, ist die Frage nach dem Subjekt der Liturgie beantwortet. Der auferstandene Herr in seiner kirchlichen Gestalt ist Subjekt der liturgischen Feier. Er handelt durch den hierarchisch gegliederten Dienst der Kirche. „Hierarchie" ist in diesem Fall als heiliger Ursprung zu verstehen, wie es der griechische Wortlaut zum Übersetzen zuläßt. Es gehört zu den faszinierenden Tatsachen katholischen Denkens, daß die Bischöfe „Nachfolger der Apostel" sind. Diese Amtsnachfolge (apostolische Sukzession) wird in der Weihe durch Handauflegung weitergegeben. Damit bleibt der heilige Ursprung des kirchlichen Amtes durch die Generationen hin erhalten: „Wie mich der Vater gesandt hat, so sende ich euch", hat der Herr zu seinen Aposteln gesagt (Joh 20,21). Wenn der Bischof die Eucharistiefeier eröffnet, geschieht im Mysterium und zeichenhaft, was am Ostertag geschah: Jesus kommt und tritt in unsere Mitte.

Die theologische Grundform der Meßfeier ist die bischöfliche Liturgie. Die Priester haben ihrerseits Anteil am apostolischen Amt. Was ihnen an heiliger Vollmacht gegeben ist, empfangen sie von ihrem Bischof durch die Weihe. Um bei der Messe die Verbindung, den „Link" zur Kirche als solcher herzustellen, ist es dem Priester aufgetragen, im Hochgebet den Namen des Bischofs auszusprechen. Eine doppelte kirchliche Deckung erhält das mitfeiernde Volk dadurch, daß der Priester auch den Bischof von Rom als Prinzip und Fundament der kirchlichen Einheit mit Namen erwähnt. Diese Erwähnung von Papst und Bischof im Hochgebet ist nicht bloß Fürbitte, sie ist eine Offenlegung: Die Messe wird als katholisch ausgewiesen. Nur wenn der Priester tut, was die Kirche tut, kommt Eucharistie zustande.

Die anwesende Gemeinde bleibt dabei nicht passiv. Sie ist am liturgischen Tun insofern beteiligt, als sie Teil der Kirche ist und sich durch Glauben und Hingabe zur geistlichen Opfergabe mit Christus macht. Christus ist immer als ganzer zu denken: nie das Haupt ohne die Glieder, nie die Glieder ohne das Haupt.

Abgesehen von den vielfältigen liturgischen Diensten wird die Gemeinde in der Liturgie auch tätig durch ihr gläubiges Bewußtsein; zum Beispiel erinnert sie in wichtigen Momenten der Meßfeier den Vorsteher an seine geistliche Vollmacht. Die Gläubigen antworten dem Bischof oder Priester auf seine Grußworte: „Und mit deinem Geiste". Damit erinnern sie ihn und sich, daß die Leitung der Liturgie keine Funktion ist, sondern Gabe des Geistes. Der Priester ist in anderer Weise „Geistlicher" als dies ein Getaufter ist. In der Taufe haben alle den Heiligen Geist empfangen zur persönlichen Heiligung, zum Heil. In der Priesterweihe empfängt man den Geist Gottes zur Heiligung der anderen, zum Heil für „die Vielen" (vgl. Mk 14,24).

Viermal kehrt der liturgische Gruß „Der Herr sei mit euch – Und mit deinem Geiste" während der Messe wieder. Es ist eine bevollmächtigte Zusage, die eine Wirklichkeit setzt: Der Herr ist in eurer Mitte!

Aufschlußreich ist, wo der Gruß jeweils wiederkehrt: Er eröffnet die Meßfeier und er schließt sie ab beim Segen. Er leitet die Verkündigung des Evangeliums ein und eröffnet das Hochgebet mit der Präfation. Es sind genau die Stellen, die das Kommen des Herrn, seine Anwesenheit in der liturgischen Versammlung verdichten. Hier geht es nicht um das Tun der Menschen, hier handelt Christus mit uns und für uns.

Ist bei der Messe ein Diakon anwesend, so verkündet er das Evangelium. Auch er hat in besonderer Weise den Geist Gottes empfangen. Die Diakonenweihe hat ihn zum Diener des Wortes gemacht. Leitet ein Diakon einen reinen Wortgottesdienst ohne Eucharistiefeier, so spricht er das „Der Herr sei mit euch" auch am Beginn und Ende der Feier. Nur eines kann er kraft seines Amtes nicht. Er kann unter keinen Umständen das Hochgebet sprechen. Um das Herzstück der Messe zu vollziehen, ist die Priesterweihe notwendig.

So nebensächlich solche Details wie der Gruß „Der Herr sei mit euch – Und mit deinem Geiste" scheinen, drücken sie doch das Mysterium aus, das am Altar gefeiert wird. Liturgie ist kein Rollenspiel. Sie ist auch nicht an besondere Begabungen gebunden. Sie ist wirkmächtige Darstellung von Tod und Auferstehung Christi zu unserem Heil. Die Priester, die im Auftrag der Kirche das Opfer darbringen, sind nicht für sich geweiht, sondern für das Volk. Der Vorsteherplatz am Altar ist kein Ehrenplatz. Er ist ein Platz im Schatten des Kreuzes. Deshalb fragt der Bischof bei der Priesterweihe die Kandidaten: „Christus, unser Hoherpriester, hat sich um unseretwillen dem Vater dargebracht. Seid ihr bereit, euch Christus, dem Herrn, von Tag zu Tag enger zu verbinden und so zum Heil der Menschen für Gott zu leben?"

Die Frage „Wer darf bei der Messe was tun?" ist falsch gestellt. Es geht nicht um das Tun, sondern um das Sein. In dieser Hinsicht hat es unsere Gesellschaft schwerer, die den Priestern vorbehaltene Zelebration der Messe zu verstehen, denn funktional und vom modernen Rollenverständnis her läßt sich diese Exklusivität wirklich nicht erklären. Die Kirche ist eine Gemeinschaft, in der die Berufung der einzelnen Glieder zählt, die weit mehr ist als Funktion. Die Kirche als Leib Christi (1 Kor 12) ist die Einheit verschiedener Berufungen, die einander in ihrer Verschiedenheit ergänzen und achten müssen. Je mehr das gelebt wird, um so wirksamer ist das Zeugnis der Kirche in der Welt.

Der Tisch des Wortes

„Laßt uns anderswohin gehen, in die benachbarten Dörfer, damit ich auch dort predige; denn dazu bin ich gekommen“ (Mk 1,38). Aus dieser scheinbar nebensächlichen biblischen Bemerkung erfahren wir Bedeutsames über das Wirken Jesu. Daß die Menschen sein Wort hören, war für ihn vordringlich und durfte durch nichts verdrängt werden! Die Predigt bezeichnete Jesus als seine Sendung: „dazu bin ich gekommen“. Seinen Jüngern trug er auf: „Verkündet allen Geschöpfen die frohe Botschaft“ (vgl. Mk 16,15).

Es ist als Bereicherung anzusehen, wenn das Zweite Vatikanische Konzil in bezug auf die Liturgie veranlaßt hat: „Auf daß den Gläubigen der Tisch des Gotteswortes reicher bereitet werde, soll die Schatzkammer der Bibel weiter aufgetan werden, so daß innerhalb einer bestimmten Anzahl von Jahren die wichtigsten Teile der Heiligen Schrift dem Volk vorgetragen werden" (Liturgiekonstitution 51). Derart reichhaltig wie in der erneuerten Form der Meßfeier war der Anteil am Wort Gottes seit Jahrhunderten nicht mehr. Meine Eltern zum Beispiel konnten mit einem taschenbuchgroßen Volksmessbuch (dem sogenannten Schott) sämtlichen Schriftlesungen folgen. Der interessierte Gläubige von heute benötigt eine kleine Bibliothek, wenn er jedes Mal die biblischen Texte der Messe nachlesen will.

Theologisch gut durchdacht, trägt der erste Hauptteil der Messe den Namen „Liturgie des Wortes", Wortgottesdienst. Er ist nicht bloß Vorspann, sondern bildet zusammen mit dem zweiten Hauptteil, der eigentlichen Eucharistiefeier, die eine Messe. Wort und Sakrament sind zwei Weisen der einen Gegenwart des Herrn. Eine tiefe Hochachtung vor dem Wort Gottes drückt sich in folgender Aussage des Zweiten Vatikanischen Konzils aus: „Gegenwärtig ist Christus in seinem Wort, da er selbst spricht, wenn die heiligen Schriften in der Kirche gelesen werden" (Liturgiekonstitution 7). Der im Kirchenraum hervorgehobene Ort der Verkündigung, die würdige Aufmachung der Bücher – Lektionare genannt – und besonders die Art und Weise, wie das Evangelium als Höhepunkt des Wortgottesdienstes verkündet und geehrt wird, wollen dies zum Ausdruck bringen.

Die Verkündigung des Evangeliums, einschließlich der darauf folgenden Predigt, ist ausschließlich dem geweihten Amtsträger (Bischof, Priester, Diakon) vorbehalten. Dies stammt aus der Überzeugung: Für die wirkmächtige Verkündigung der Heilsbotschaft im Zuge der Messe ist eine geistliche Vollmacht nötig. „Die Kirche hat die heiligen Schriften immer verehrt wie den Herrenleib selbst“ (Konstitution über die Offenbarung 21), sagt das Konzil. Um den „Tisch des Brotes“ mit dem Leib Christi zu decken braucht es einen, der die Vollmacht zur Wandlung hat. Um den „Tisch des Wortes“ mit dem Wort Christi zu dekken, bedarf es der geistlichen Vollmacht zur authentischen Verkündigung; so lehrt die Kirche.

Natürlich lautet ein Einwand: Priester oder auch Diakone predigen mitunter inhaltlich schlecht, bereiten sich nicht genügend vor, haben eine schwerverständliche Aussprache oder verwenden eine überholte Sprache. So mancher Pastoralassistent wäre theologisch besser ausgerüstet und hätte den heißeren Draht zu den Zuhörern. Wahr daran ist, daß sich mancher Priester und Diakon für den Vortrag des Evangeliums und die Predigt besser vorbereiten sollte, um das Wort Gottes qualitativ gut „hinüber zu bekommen“. Das ist Sache der Aus- und Fortbildung und der Spiritualität. Die Sendung zum Verkündigen wird jedoch nicht allein vom Können her begründet, sondern von der Weihe. Religionslehrer wird man auch nicht durch das Diplom, sondern durch die bischöfliche Missio, die Sendung für diesen speziellen Dienst der Glaubensweitergabe. Was die Predigtvollmacht innerhalb der Eucharistiefeier anbelangt, ist zudem zu beachten: Es ist durchaus kein persönliches Privileg, wenn in der Messe Evangelium und Predigt dem geweihten Amtsträger vorbehalten sind. „Weh mir, wenn ich das Evangelium nicht verkünde" (1 Kor 9,16), sagt Paulus im Bewußtsein, daß ein fordernder Auftrag auf ihm ruht. Die Hörer der Botschaft hingegen dürfen sich über folgende Seligpreisung freuen: „Selig, die das Wort Gottes hören und es befolgen" (Lk 11,28).

Die Verkündigung der alttestamentlichen oder neutestamentlichen Lesungen vertraut die Kirche Frauen und Männern an, die durch Taufe und Firmung und die Begabung zum Lesen befähigt sind, den Dienst des Lektors auszuüben. Eine Besonderheit der erneuerten Liturgie ist zweifelsohne der Antwortpsalm. Nicht die zweite Strophe des Eröffnungsliedes oder ein anderer Gesang soll nach der biblischen Lesung folgen. Auf das Wort Gottes antworten wir wieder mit dem Wort Gottes, diesmal mit den vom Heiligen Geist inspirierten biblischen Gebeten, den Psalmen. Während ein Kantor den Psalm möglichst singen soll, antwortet die Gemeinde mit einem kurzen Kehrvers. Das darauffolgende Halleluja – beziehungsweise in der Fastenzeit ein anderer Ruf – ist ein unmittelbarer Gruß und Lobpreis auf den im Evangelium gegenwärtigen Herrn. Bezeichnenderweise stehen an dieser Stelle alle Mitfeiernden auf. Weihrauch beziehungsweise Kerzen umgeben den Ambo als Ehrenbezeugung für den Herrn in seinem Wort. Das dreifache Kreuz auf Stirn, Mund und Herz will sagen: Dein Wort, Herr, möge unseren Verstand berühren, es gehe uns zu Herzen und es öffne unseren Mund, damit wir dein Wort gläubig aufnehmen, es bewahren und bezeugen. Der Priester beziehungsweise Diakon küßt das Evangelienbuch, nachdem das Wort Gottes erklungen ist.

Es erklärt sich von selbst, daß die Worte der Heiligen Schrift in der Messe durch keine anderen profanen oder auch religiösen Texte ausgetauscht werden dürfen. Den Tisch des Wortes Gottes kann kein noch so guter Leckerbissen von Saint-Exupéry oder Khalil Gibran ersetzen. Es ist wieder eines der faszinierenden Merkmale der Katholizität, daß Sonntag für Sonntag die gesamte katholische Kirche unter ein und demselben Wort Gottes steht. Wenn einige aufgeklärte Europäer mit einer bestimmten Bibelstelle wenig anfangen können, trifft dasselbe Wort vielleicht Menschen in der sibirischen Diaspora oder in einer kleinen Kirche von Bagdad mitten ins Herz. „Gottes Wort", so beschreibt es ein neueres geistliches Lied, „ist wie Licht in der Nacht, es hat Hoffnung und Zukunft gebracht. Es gibt Trost, es gibt Kraft in Bedrängnis, Not und Ängsten, ist wie ein Stern in der Dunkelheit."

Im anschließenden Glaubensbekenntnis faßt die versammelte Gemeinde an Sonntagen und Feiertagen zusammen, was sie gemeinsam glaubt. Für den Prediger und die Zuhörer ist dies rückwirkend das Richtmaß, das über die Predigt (Homilie) das Fachurteil abgibt. Im „Allgemeinen Gebet", den Fürbitten, kann aktuell ausgesprochen werden, was die Menschen vor Gott bewegt. Die Anliegen sollen so formuliert sein, daß sie keine zweite Predigt abgeben.

Es ist überflüssig, Gott mit vielen Worten „belehren“ zu wollen. Er weiß, was wir brauchen, noch ehe wir ihn bitten. Ein schöner Gebetsruf kann den Fürbitten einen besonderen Klang verleihen. Der „Tisch des Wortes“ ist nun voll gedeckt.

Die Eucharistiefeier

„Das Wort ist Fleisch geworden" (Joh 1,14). Aus diesem Grund-Satz des Neuen Testaments läßt sich begründen, warum der „Tisch des Wortes" noch nicht alles ist. Von der Glaubenslogik her geht das Geschehen vom Ambo unmittelbar zum „Tisch des Brotes" über, den Altar. Das Wort drängt zum Tun, die Verkündigung mündet in die Eucharistie. Der Sohn Gottes, den der Evangelist Johannes „das Wort" nennt, hat sich nicht bloß als Wort offenbart, er ist Mensch mit allen menschlichen Sinnen geworden. „Und weil das Wort Fleisch ward und nicht nur Wort, gibt es nun eben nicht nur Predigt, sondern auch das Sakrament" (Heinrich Schlier).

Nachdem wir im Wortgottesdienst der Messe von jenem Gott gehört haben, der „die Welt so sehr geliebt hat, daß er seinen Sohn hingab“ (Joh 3,16), dürfen wir in der folgenden Eucharistiefeier in die sakramentale Verwirklichung dieser Liebe eintauchen. Auf das Wort Gottes folgt das Tun Gottes. In der Messe sagt uns der Herr nicht nur, daß er uns liebt bis in den Tod, er vollzieht diese Hingabe gewissermaßen aufs Neue. Die Menschwerdung Gottes mit dem Ziel, in Tod und Auferstehung die ganze Menschheit zu erlösen, erneuert sich in der Messe für die konkret Versammelten in der Art und Weise des Sakramentes.

Franz von Assisi sieht das so: „Seht doch, täglich erniedrigt er sich, wie er einst vom königlichen Thron herab in den Schoß der Jungfrau kam. Täglich steigt er aus dem Schoß des Vaters in den Händen des Priesters herab auf den Altar. Und wie er sich den Aposteln im wirklichen Fleische zeigte, so zeigt er sich uns auch jetzt im heiligen Brot. Und wie diese beim Anblick seines Fleisches nur sein Fleisch sahen, aber glaubten, daß er Gott ist, weil sie ihn mit geistigen Augen schauten, so laßt auch uns, die mit leiblichen Augen Brot und Wein sehen, schauen und fest glauben, daß es lebendig und wahrhaft sein heiligster Leib und sein Blut ist.“

Wer sich diesem Glauben von ganzem Herzen anschließt, wird einsehen, daß das Wesentliche der Eucharistiefeier nicht Kreativität ist. Nicht die spontanen Einfälle des Priesters oder der Mitfeiernden, aktuelle Formulierungen, mutige Auslassungen oder gar der Verzicht auf das Meßbuch machen den Wert der Liturgie aus. Es ist einzig die Treue zum Auftrag des

Herrn, die in der Messe bewirkt, daß Er kommt und in unsere Mitte tritt. „Tut dies zu meinem Gedächtnis!“ (Lk 22,19) hat der Herr aufgetragen. Mit „dies“ ist nicht irgend etwas gemeint, sondern ein genauer Vorgang: „Und er nahm Brot, sprach das Dankgebet, brach das Brot und reichte es ihnen mit den Worten: Das ist mein Leib, der für euch hingegeben wird“ (Lk 22,19). „Ebenso nahm er nach dem Mahl den Kelch und sagte: Dieser Kelch ist der Neue Bund in meinem Blut, das für euch vergossen wird“ (Lk 22,20).

Die grundlegende Form jeder Meßfeier ist damit gesetzt: Das Nehmen von Brot und Wein finden wir wieder in der Gabenbereitung. Das Dank- oder Lobgebet entfaltet sich im eucharistischen Hochgebet mit den Wandlungsworten als Höhepunkt. Das Brechen der heiligen Gestalten geschieht im Ritus des „Brotbrechens“. Das Reichen der Gaben ereignet sich in der heiligen Kommunion.

Um die Gegenwart des Herrn unter den Gestalten von Brot und Wein zu bewirken, bedarf es einer Glaubenshaltung, die vollziehen will, was einst der Herr getan hat und was nun in seinem Auftrag die Kirche tut. Wenn der Apostel Paulus in bezug auf das Wort Gottes sagt: „Durch dieses Evangelium werdet ihr gerettet, wenn ihr an dem Wortlaut festhaltet, den ich euch verkündet habe“ (1 Kor 15,2), dann gilt in gleicher Weise: Wenn wir am entsprechenden Wortlaut der Eucharistie, an dem, was mit „tut dies“ gemeint ist, festhalten, werden wir die heilbringende Gegenwart Christi im Sakrament des Altares erfahren.

Der Freiraum für die individuelle Gestaltung der Feier der Eucharistie scheint begrenzt. Er ist immer noch groß genug. Die neueste Auflage des Römischen Meßbuches (veröffentlicht im Jahr 2002) mit seinen über tausenddreihundert Seiten bezeugt die Vielfalt an liturgischen Gebeten. Es gibt die Auswahl unter mehreren eucharistischen Hochgebeten. Bei der Präfation, dem feierlichen Auftakt zum Hochgebet, kennt das Meßbuch an die hundert Varianten je nach Fest und Jahreszeit.

Eine im Blick auf Musik und Text gute Wahl der Lieder, der bewußte Einsatz von heiligen Zeichen wie Licht, Weihrauch, Glocke, das sind mögliche Gestaltungs-Elemente, die einiges bewirken können. Der Beitrag der versammelten Gläubigen ist – trotz scheinbar exklusivem Tun des Priesters – nicht ohne Bedeutung. Wie aussagekräftig kann ein überzeugt gesprochenes oder gesungenes „Deinen Tod o Herr, verkünden wir ...“ unmittelbar nach der Wandlung als Antwort auf den Ruf „Geheimnis des Glaubens!“ sein. Oder wie sinnvoll ist ein feierliches „Amen“, das von Volk und Chor am Schluß des Hochgebetes intoniert wird. Auch das gemeinsame Schweigen und geeignete Instrumentalmusik haben ihren Platz.

Der Priester darf nicht in falscher Demut Teile des Hochgebetes an andere Mitwirkende abgeben. Er ist eigens dafür geweiht, daß durch ihn Wandlung geschieht und Eucharistie zustande kommt. Aber der Priester kann so innig beten und feiern, daß die Gemeinde wie von selbst das Amen spricht, die bewußte Zustimmung zum heiligen Geschehen.

Richtig bedacht sind liturgische Normen kein durch die Kirche auferlegtes Korsett. Im Gegenteil, ihre Einhaltung schenkt dem einzelnen Gläubigen Gewißheit, daß er in der Messe der Opferliebe des Sohnes Gottes begegnet und in der Kommunion wahrhaft den Leib Christi empfängt.

Daß Mitfeiernde von den originellen Einfällen der Akteure spirituell bereichert nach Hause gehen, ist in einer Unterhaltungsgesellschaft wie der unseren vielleicht gefragt oder gar gewünscht. Die Gegenwart des Herrn bewirken sie nicht. Diese wird dort um so deutlicher erfahrbar, wo ein Priester und die Gemeinde ganz hinter das Mysterium zurücktreten, wo sie persönlich klein werden, um Christus groß sein zu lassen. Solche Eucharistiefeiern erlebten die Menschen Tag für Tag zur Lebzeit von Padre Pio in San Giovanni Rotondo. Schon vor Sonnenaufgang umlagerten hunderte Gläubige das Gotteshaus, um dabei sein zu können, wenn Christus während der Messe vom Himmel herabstieg, um auf dem Altar sein Kreuzesopfer in sakramentaler Weise zu vergegenwärtigen. Ja, Priester müßten wie Ikonen Christi sein, durchlässig für sein Wirken. Und die Gläubigen sollten mit Edith Stein sprechen: „O Mutter Maria, lehre uns, den Leib des Herrn zu empfangen, wie du ihn empfangen hast."

Der Geist macht lebendig

Die Messe ist monoton. Immer dasselbe. Vorwürfe beziehungsweise Anfragen dieser Art kommen nicht bloß aus dem Volk. Auch mancher Priester findet den Meßritus zu rituell, abgehoben, steril. Deshalb der Versuch zu ändern, Liturgie neu zu entwerfen.

Zunächst ein Gedanke aus dem Alltag: Gleichbleibende Elemente machen einen Großteil unseres Lebens aus. Niemand findet sie langweilig. Auch beim hundertsten Mal grüßen wir einander mit demselben Gruß, demselben Händeschütteln. Tag für Tag nehmen wir dasselbe Frühstück ein, unterziehen uns derselben Körperpflege, gehen mit demselben Ritual schlafen. Auch die Natur arbeitet ähnlich: Pflanzen, Tiere, Tag und Nacht, die Jahreszeiten folgen einem permanenten Rhythmus. Ohne Wiederholung wäre ein sinnvolles Leben kaum möglich. Wie anstrengend wäre es, jeden Morgen einen neuen Morgengruß zu erfinden oder bei jeder Mahlzeit eine andere Tischordnung auszudenken. Die gegenwärtige Kultur zeugt sogar von einer Reduktion der Formenvielfalt. Alt wie Jung grüßen international und unabhängig von Personen mit „Ciao", „Hallo", „Tschüß". An Werktagen wie an Feiertagen trägt man Jeans und Schuhe von der Marke „Es". Der moderne Mensch liebt einheitliche Formen. Gleichbleibendes schafft offenbar Identität.

Vielleicht ist es weniger die Wiederholung, die stört, als vielmehr die theologische Sprache, die man kritisiert. Weniger vom gläubigen Volk, mehr von geweihten Amtsträgern wird dieser Einwand vorgebracht. Die Gebete des Meßbuches seien zu abstrakt, zu wenig gemeindebezogen oder einfach zu „römisch" abgehoben. Mancher Zelebrant schreibt eigene Tagesgebete, formuliert im Stegreif das Hochgebet um – und wenn es nur ein Wort ist, das verändert wird –, damit die Leute es besser verstünden. Ein Mißverständnis scheint hier mitzuspielen. Gebete sind keine Predigten! Das Tagesgebet ist an Gott Vater gerichtet, das Hochgebet erst recht. Müssen für den Herrn die Gebete aktualisiert werden?

Muß das Volk Gottes immer jedes Wort intellektuell erfassen? Ist es nicht eher so, daß Menschen gerade im kultischen Bereich sich getragen wissen wollen von einer gehobeneren Sprache als der alltäglichen? Vor allem in Extremsituationen des Lebens, wie zum Beispiel in einem Begräbnisgottesdienst, wäre es kontraproduktiv, den Ritus oder auch einzelne Teile erst zu entwerfen. Gerade dann ist wichtig, daß die elementaren Gebete schon im Langzeit-Gedächtnis der Teilnehmenden sind. Wenn durch die Trauer Gedanken hin und her gehen, trägt einen das Gebet der Kirche. Vertrautes schafft Geborgenheit.

Durch die Verankerung in Tod und Auferstehung Jesu hat der im wesentlichen gleichbleibende Kern der Meßfeier die spirituelle Spannweite, sowohl Trauer als auch höchste Freude aufzufangen. Ob Trauungsmesse oder Trauermesse – in mancher Pfarrgemeinde trifft es diese Anlässe an ein und demselben Tag –, beide Feiern stehen auf demselben liturgischen Fundament: die Gedächtnisfeier der Liebe Christi bis in den Tod, der gegenwärtig ist in der Kraft und Freude seiner Auferstehung.

Zugegeben, gleichbleibende Gebete und Formen bedürfen der besonderen Aufmerksamkeit. Nichts ist schädlicher als leere Routine im Bereich des Heiligen. Eine „heruntergesagte" Messe ist der Tod der Liebe. Deshalb lautet ein altbewährter Rat: Feiere jede heilige Messe so, als sei es deine erste, deine einzige und deine letzte. Und an die Priester gerichtet: Denk beim liturgischen Gebet nicht: Verstehen das die Leute jetzt? Bete vielmehr beim Beten!

Letztlich sind Anfragen an liturgische Sprache und Form anderswoher zu beantworten. Unmittelbar vor den Wandlungsworten breitet der Priester seine beiden Hände über die Gaben aus und bittet: „Sende deinen Geist auf diese Gaben herab und heilige sie" (Zweites Hochgebet). Dies ist die sogenannte „Epiklese", das Herabrufen des Heiligen Geistes. Eine ähnliche Bitte finden wir bei fast allen Sakramenten, besonders eindrucksvoll bei der Diakonen-, Priester- und Bischofsweihe. Auch im Zusammenhang der Messe kann die Epiklese als ein Schlüsselereignis betrachtet werden. Was soll in der Wandlung geschehen? Christus soll gegenwärtig werden! Wer bewirkt es? Nicht ein Zauberwort, nicht die persönliche Glaubenskraft des Priesters, nicht die Sehnsucht der Gläubigen, sondern derselbe Heilige Geist, der die Menschwerdung Gottes bewirkt hat! Maria wollte damals wissen: „Wie soll das geschehen?" Die Antwort lautete: „Der Heilige Geist wird über dich kommen, und die Kraft des Höchsten wird dich überschatten" (Lk 1,34.35). Wir fragen: Wie soll das geschehen, daß Christus in unserer Mitte gegenwärtig wird? Die Antwort lautet: Derselbe Heilige Geist, der bewirkt hat, daß Gottes Sohn vom Himmel herabgestiegen ist in den Schoß der Jungfrau Maria, ermöglicht bei der Feier der Messe, daß Christus zu uns herabsteigt in der Wandlung von Brot und Wein.

Dieser Zusammenhang zwischen Gegenwart Christi und Heiligem Geist ist nicht nur ein schöner theologischer Gedanke. Er ist von praktischer Bedeutung. Wenn die Wandlung das Herz der heiligen Messe ausmacht und wenn dieses Herz nur in der Kraft des Heiligen Geistes schlägt, dann braucht es geisterfüllte Menschen, um dieses Geheimnis zu erfassen.

Läßt man den Heiligen Geist weg, dann ist die Messe wirklich langweilig. Ohne Heiligen Geist sind Lesung, Evangelium und Predigt toter Buchstabe, Brot und Wein bleiben was sie sind, und die Kommunion ist nur ein sozialer Ritus. Ohne den Heiligen Geist gibt es keine Betroffenheit und keine wirkliche Gegenwart Christi. Wenn aber der Heilige Geist weht, dann ist die Messe Begegnung mit dem lebendigen Christus unter den Gestalten von Brot und Wein, aber auch in der Gestalt der Kirche. Damit bei der Messe aus einer Vielfalt unterschiedlicher Menschen der lebendige Leib der Kirche werde, gibt es in den Hochgebeten noch eine zweite Epiklese, und zwar nach der Wandlung. Dort bitten wir um die Wandlung unserer Herzen: „Erfülle uns mit deinem Heiligen Geist, damit wir ein Leib und ein Geist werden in Christus."

Der Jesus-Code

Wenden wir uns den Einsetzungsworten zu, wie sie der Priester bei der Eucharistiefeier kraft der ihm geschenkten Weihevollmacht „in persona Christi“ spricht. Bei der Betrachtung dieser Worte ergibt sich für uns ein Einblick in die innere Haltung, mit der Jesus sein Opfer am Kreuz vollzogen hat und in der Messe auf sakramentale Weise gegenwärtig werden läßt. Es ist ein Wortpaar, das sowohl bei der Wandlung des Brotes in den Leib Christi als auch bei der Wandlung des Weines in das Blut Christi gesprochen wird. „Das ist mein Leib, der für euch hingegeben wird.“ „Das ist ... mein Blut, das für euch ... vergossen wird.“ Es geht um die Aussage „für euch“.

Wenn wir für das Leben Jesu einen Code finden müßten, ein Kennwort, dann ist es dieses „für euch“.

Jesus hat das uralte Menschheitsproblem des Egoismus in seiner Person überwunden. Sein Leben war Hingabe seiner selbst zur Verherrlichung seines himmlischen Vaters und zum Heil der Menschen. Er hat nicht für sich gelebt, sondern für uns. Bei jeder heiligen Messe nimmt er uns mit hinein in diese Haltung, durch die das in sich gekehrte Herz des Menschen erlöst wird. In der Wandlung von Brot und Wein bietet er uns noch eine andere Wandlung an: die Wandlung vom selbstgenügsamen Ich zum liebenden Du.

Das ist ein Grund, warum für uns die Messe im Mittelpunkt der christlichen Existenz steht. Sie ist nach der Lehre der Kirche „die Quelle und der Höhepunkt des ganzen christlichen Lebens" (Zweites Vatikanisches Konzil, Kirchenkonstitution 11). Messe ist der Ort, wo dieses Kennwort des christlichen Glaubens nie verstummt. Am Altar schlägt das gottmenschliche Herz ununterbrochen. Sein Pulsschlag ist: für euch, für euch, für euch ...

Welcher Art ist die Erlösung? Welchen Weg wählt der Herr, wenn wir Eucharistie feiern? Eine Antwort gibt ein Name, den die Liturgie Christus in der Gestalt des Brotes gibt: das Lamm Gottes. An bedeutsamer Stelle greift der Meßritus den Hinweis Johannes' des Täufers auf, wo er auf den Größeren zeigt, der nach ihm kommt: „Seht, das Lamm Gottes, das die Sünde der Welt hinwegnimmt" (Joh 1,29). Das dreimalige „Agnus Dei" während des „Brotbrechens" erinnert sinnenfällig an den gebrochenen Leib des Opferlammes. Auch ein möglicher Kommunionspruch lenkt den Gedanken auf das Gotteslamm: „Selig, die zum Hochzeitsmahl des Lammes geladen sind." Das Dritte Hochgebet sagt in bezug auf die Kirche: „Sie stellt dir das Lamm vor Augen, das geopfert wurde."

Warum so oft das Lamm? Als biblisches Bild begegnet uns das Lamm schon im Alten Testament als Vorbild der Opferwilligkeit. Der Prophet Jesaja beschreibt den kommenden Gottesknecht, der bereitwillig die Schuld der Vielen trägt, „wie ein Lamm, das man zum Schlachten führt, und wie ein Schaf angesichts seiner Scherer" (Jes 53,7). Indem das Neue Testament dieses Bild für Christus gewählt hat, wird klar, daß das heilende Wirken des Erlösers abzuheben ist von anderen Heilsangeboten dieser Welt. Das Lamm beleuchtet den Jesus-Code noch einmal von einer anderen Seite.

Genau diese Hingabe fehlt, wenn wir einen Blick auf Büchermärkte und Veranstaltungskalender mit ihrem Heilsangebot werfen. Dort geht es um ein Heil, das letztlich ganz im innerweltlichen Bereich bleibt. Eine zufällige Auswahl an Titeln aus einem Prospekt: Heilfasten, Heilgymnastik, Heiltees, die geheime Kraft der Edelsteine, Geheimwissen vergangener Kulturen, Erfahrungen jenseits von Raum und Zeit, Schritte zur Gelassenheit, die Mitte finden, usw.

Auch in der Messe geht es um das Heil. Dieses reicht aber weit über das irdische Leben hinaus: Es geht um das ewige Leben. Deshalb ist es kein Heil im Schnellverfahren. Der Herr beschreitet einen anderen Weg: Er kommt als Lamm, in sanfter Berührung und in Bescheidenheit. Eine Messe kann nie ein spektakuläres Ereignis oder eine berauschende Fete sein. Christus, das Lamm Gottes, läßt uns in der Messe teilhaben an der Hingabe seiner selbst in Liebe. Durch den Code seines Lebens – „für euch" – schenkt er uns den Zugang zum Heil.

Wer sich durch die gläubige Mitfeier der Liturgie in diese Bewegung hineinnehmen läßt, wird unweigerlich verändert – ohne daß er es sofort merkt. Je treuer und bereiter wir den Weg zum Gotteslamm gehen, um so mehr kann in uns erlöst werden. Wir werden erfahren, was viele Menschen zu Lebzeiten Jesu bestätigt bekamen: „Es ging eine Kraft von ihm aus, die alle heilte" (Lk 6,19).

Ein bekannte Weisheitserzählung berichtet von einem jungen Mann. Er meinte, alles Bemühen um die Nähe Gottes sei umsonst. Letzten Endes bleibe von seiner Anstrengung nichts zurück. Der Weise schickte ihn mit einem geflochtenen, schmutzigen Korb zum Brunnen Wasser holen. Da der Weg weit war, war am Ende kein Wasser mehr im Korb. Doch jeden Tag schickte der Weise den jungen Mann aufs neue. „Nun", fragte er nach einiger Zeit, „war alles umsonst?" „Ja, alles war umsonst, keinen einzigen Becher Wasser konnte ich in mein Haus bringen. Alles ist auf dem Weg zerronnen." „Nein, es war nicht umsonst, daß du täglich mit dem Korb zum Brunnen gegangen bist", antwortete der Weisheitslehrer. „Mit deinem geflochtenen Korb konntest du zwar kein Wasser bewahren. Aber siehst du nicht, wie der

Korb sich in diesen Tagen durch das Wasser gereinigt hat? So ist es auch mit dir. Auch wenn du meinst, alles Bemühen um die Nähe Gottes sei umsonst, so bist du doch von Ihm, dem Quell des Guten, bereits gereinigt worden."

Diese Erzählung läßt sich auf die treue Mitfeier der heiligen Messe übertragen. Wenn wir den schmutzigen Korb unseres Lebens mit seiner belastenden Ich-Gerichtetheit Woche für Woche zum Brunnen der Eucharistiefeier tragen, wird sich im Laufe der Zeit an uns eine Reinigung vollziehen. Das Blut Jesu Christi, für uns am Kreuz vergossen, wird an uns gebrechlichen Gefäßen gewiß seine Wirksamkeit zeigen. Besonders in Verbindung mit dem Bußsakrament ist der Messe höchste Heilkraft eigen. Das „für euch" des Jesus-Codes wird konkret für jeden von uns persönlich und schmiedet uns zusammen zu gemeinschaftsfähigen und kirchlichen Menschen, in denen das Ich nicht mehr die absolute Vormacht hat.

Ein Rat, den schon viele Heilige gegeben haben, lautet: Man soll den Augenblick der Wandlung, in dem der Priester die heilige Hostie emporhebt, besonders gut nützen. In diesen Momenten ist das heilende Handeln Jesu besonders greifbar. Der heilige Pfarrer von Ars sagte, dieser Moment der heiligen Messe sei in höchstem Maß dazu geeignet, die Umkehr des Herzens zu erbitten. Selbst verhärtete Herzen und Situationen kann die Liebe Christi verändern. Wandlung gilt nicht nur für die Gaben am Altar, sie gilt auch uns.

Opfer, Gastmahl und Gegenwart des Herrn

Bedenken wir, was für eine einzigartige Wirklichkeit uns Jesus mit seinem Auftrag „Tut dies zu meinem Gedächtnis“ anvertraut hat.

Um den Sinn der Abendmahlsworte „haben fast zwei Jahrtausende gebetet und gedacht und gekämpft … Wenn wir also fragen, was sie bedeuten, wollen wir uns zuerst klar werden, wie wir sie nehmen wollen. Die Antwort kann nur lauten: ganz schlicht; so wie sie dastehen. Der Text meint genau das, was er sagt … Als Jesus sprach und tat, wie hier berichtet wird, wußte er, daß es um etwas von göttlicher Bedeutung ging. Er wollte also verstanden sein, und sprach so, wie er verstanden sein wollte." Diesen Rat von Romano Guardini in seinem Buch „Der Herr" wollen wir beherzigen, wenn wir in den Einsetzungsworten Jesu vor allem drei Dimensionen des eucharistischen Glaubens gegeben sehen.

„Das ist mein Leib … hingegeben für euch." „Das ist mein Blut … vergossen für euch." In den Ausdrücken „hingegeben" und „vergossen" klingt an: *Die Eucharistie ist das Opfer des Herrn.* Nachdem Jesus am Kreuz seine einmalige Opfertat vollbracht hat, ist die Erlösung ein für alle Mal vollzogen. Sein letztes Wort „Es ist vollbracht!" (Joh 19,30) gilt auch in dieser Hinsicht: Von seiner Seite aus ist alles zu unserem Heil getan. Aber von unserer Seite aus bedürfen wir der stets neuen Aneignung dieses Heilsopfers. Das Meßopfer dient dieser Aneignung! Es hebt uns gleichsam aus unserer zeitlich und örtlich begrenzten Existenz heraus und versetzt uns in die Gegenwart des Kreuzes. Wenn wir die Messe feiern, stehen wir – nicht örtlich, aber sakramental – am Fuß des Kreuzes. Die Früchte, die vom Kreuzesbaum anfallen, dürfen wir vom Herrn in Empfang nehmen. Wir stehen aber auch vor dem himmlischen Altar, wo der auferstandene und erhöhte Herr seine Hingabe dem Vater darbringt und wo alle Engel und alle Heiligen in diese himmlische Liturgie einstimmen: „Würdig ist das Lamm, das geschlachtet wurde, Macht zu empfangen, Reichtum und Weisheit, Kraft und Ehre, Herrlichkeit und Lob" (Offb 5,12).

Wenn wir diese Wirklichkeit in einem Film darstellen wollten – so wie Mel Gibson das versucht hat –, müßte es gelingen, nicht bloß die Bildsequenzen von Abendmahl, Kreuz und Messe durch Überblenden ineinanderzubringen. Auch der Himmel müßte über allen Szenen offenstehen und den Blick auf das Lamm freigeben. Die Feier der Eucharistie ist der theologische Ort, wo sich diese Ineinanderblendung von Obergemach, Golgotha und himmlischem Jerusalem vollzieht, nicht bloß wie in einem Film, sondern in der Wirklichkeit des „Mysterium fidei", des „Geheimnis des Glaubens".

Wer in der Messe die Wandlungsworte hört, wer gläubig am Opfer teilnimmt, erfährt an sich die Tat der Liebe Gottes. Jeder, der zur Feier der Eucharistie kommt, darf mit Paulus ausrufen: „Er hat mich geliebt und sich für mich hingegeben" (Gal 2,20).

„Nehmet und esset", „Nehmet und trinket". Die Ausdrücke „essen und trinken" weisen auf ein Mahlhalten hin. Das ist das zweite, was uns die Wandlungsworte zu sagen haben: *Die Eucharistie ist das Mahl des Herrn.* Thomas von Aquin fand dazu die klassischen Worte: „O heiliges Gastmahl, in dem Christus genossen, die Seele mit Gnade erfüllt wird und uns das Unterpfand des ewigen Lebens gewährt wird." Die Teilnahme an diesem heiligen Gastmahl ist unser Eingehen in das Opfer Christi und das Übergehen des Opfers Christi in unser Leben.

Die heilige Messe ist nicht in dem Sinn Mahl, daß sie das historische Abendmahl Jesu wieder aufleben lassen würde. Das Abendmahl war offenbar ein jüdisches Paschamahl, das ein einziges Mal im Jahr an einem bestimmten Tag veranstaltet wurde. Schon rein deshalb kann die sonntägliche beziehungsweise tägliche Eucharistiefeier das letzte Abendmahl gar nicht wiederholen. Wenn Jesus sagt „Tut dies zu meinem Gedächtnis“, meint er das neue Pascha, das von ihm zwar im Rahmen des alten Ostermahles eingesetzt worden ist, das sich aber ganz und gar auf den Neuen Bund in seinem Blut bezieht. Wenn im Zusammenhang der Eucharistie vom Mahl die Rede ist, ist in erster Linie die Feier der heiligen Kommunion gemeint. Dort wird der einmal am Kreuz geopferte Leib Christi in sakramentaler Form unter den Gestalten von Brot und Wein zur Speise und zum Trank gereicht. Daß dies eine unerhörte Herausforderung für den menschlichen Verstand ist, war der Kirche von Anfang an bewußt.

Mahlherr der Eucharistie, also Gastgeber, ist Christus, vermittelt durch den Dienst der Kirche. Die Gabe des Mahls ist er selbst: „Ich bin das Brot des Lebens“ (Joh 6,35). „Ich bin der wahre Weinstock“ (Joh 15,1). Wir können es uns nicht oft genug vorsagen: Die heilige Hostie ist kein Ding, keine Sache, kein heiliges, kein geweihtes Brot. Die Hostie ist Christus selbst. „Im demütigen Zeichen von Brot und Wein, die in seinen Leib und in sein Blut wesensverwandelt werden, geht Christus mit uns; er ist unsere Kraft und unsere Wegzehrung, er macht uns für alle zu Zeugen der Hoffnung. Wenn vor diesem Mysterium der Verstand seine Grenzen erfährt, so erahnt doch das Herz, das von der Gnade des Heiligen Geistes erleuchtet ist, wie man sich davor verhalten und in Anbetung und grenzenloser Liebe darin versenken soll" (Enzyklika Ecclesia de Eucharistia 62). So faßt Papst Johannes Paul II. in seiner letzten Enzyklika zusammen, was die Kirche glaubt und woraus sie lebt.

Es ist ein Ausdruck des Glaubens und der Liebe zum Herrn, wenn wir die heilige Eucharistie nicht in gewöhnlichen Bechern und Schüsseln bewahren, sondern in kostbaren Kelchen und ehrwürdigen Schalen. Wir tun dies auch zur Stärkung unseres Glaubens an die wahre Gegenwart des Herrn unter den Gestalten von Brot und Wein. Das menschliche Auge kann das Geheimnis nicht sehen. Doch es kann um so stärker auf das Geheimnis verwiesen werden, je ehrfürchtiger damit umgegangen wird. Nicht übertriebenen Prunk, aber wahre Würde soll alles ausstrahlen, was mit dem „Allerheiligsten" in Berührung kommt. Am wichtigsten jedoch ist, daß die heilige Kommunion aus dem sakralen Kelch in ein würdig bereitetes menschliches Herz gelegt wird. Mutter Theresa gab anläßlich eines Besuches im österreichischen Stift Heiligenkreuz 1988 den Rat: „Bitten wir Unsere Liebe Frau, sie möge uns ein Herz geben so schön, so rein, so unbefleckt, ein Herz so voll Liebe und Demut, daß wir fähig sind, Jesus im Brot des Lebens zu empfangen, ihn zu lieben, wie sie ihn geliebt hat ..."

„Das ist mein Leib“, „Das ist mein Blut“. Zweimal steht hier der Indikativ „das ist“. Sogar Martin Luther fand diese Worte zu gewaltig, als daß man aus dem „das ist“ nur ein „das bedeutet“ machen dürfte. Wenn Jesus – der als Mensch ein Jude war – in seiner Muttersprache von Leib und Blut sprach, meinte er das umfassend real: „Das bin ich in ganzer menschlicher Wirklichkeit.“ Allerdings müssen wir ihn uns als auferstandenen und erhöhten Herrn vorstellen, dessen Leib verklärt ist. Die Gegenwart Jesu in der heiligen Hostie ist real und geisterfüllt zugleich.

Der katholische Glaube geht – im Gegensatz zu Luther – den Worten Jesu noch tiefer auf den Grund. Das Brot der Eucharistie ist Christi Leib nicht bloß im Augenblick der Kommunion. Es bleibt Christi Leib auch nach dem Gottesdienst: *Die Eucharistie ist bleibende Gegenwart des Herrn.* Wenn Jesus sagt „Das ist mein Leib“, nimmt er das nie mehr zurück. Das einmal gewandelte Brot bleibt Leib Christi, so lange die Gestalt des Brotes erhalten bleibt. Was nach der heiligen Messe übrigbleibt, sind keine Mahlreste. Es ist vielmehr das „Allerheiligste“, das ehrfürchtig im Tabernakel aufbewahrt und angebetet wird. Immer wartet der eucharistische Herr auf uns, auf einen Besuch, auf eine Anbetung. Wie tröstlich ist dieser Gedanke, daß uns im Allerheiligsten Sakrament Christus nie verläßt! Es gibt keine Einsamkeit mehr für den, der an diese Gegenwart des Herrn glaubt. Es stimmt, was vor ein paar Jahren ein Ministrant nach der Messe meinte, als er den Tabernakelschlüssel in die Sakristei tragen durfte: „Dieser Schlüssel führt zum größten Geheimnis, das es auf der Welt gibt."

Eine Überlegung sei noch angebracht. Die Kirche denkt mit diesen Glaubensinhalten unsagbar hoch von der Eucharistie. Sie stellt deshalb auch hohe Erwartungen an die Gläubigen, die sich diesem Sakrament nähern wollen. Wenn die Kirche für Menschen in bestimmten Situationen – aus Gründen des Glaubens und der pastoralen Heilssorge – den Empfang der heiligen Kommunion für nicht möglich hält, ist zu bedenken: Nie geht jemand bei der heiligen Eucharistie leer aus. Wer an der heiligen Kommunion, am Mahl des Herrn, nicht teilnehmen kann, der wird am „Tisch des Wortes" Nahrung für sein Leben empfangen. Er darf weiters aus der Vereinigung mit dem Meßopfer Kraft schöpfen und er hat zudem die Möglichkeit, Jesus in der eucharistischen Anbetung zu begegnen.

An die Brust schlagen

Der Bußakt ist fester Bestandteil jeder Meßfeier. Laut Meßbuch kann er verschiedene Formen annehmen und länger oder kürzer ausfallen. Die Grundform des Bußaktes bildet das allgemeine Schuldbekenntnis, gefolgt von der Vergebungsbitte und abgerundet durch das Kyrie eleison.

Eher seltener bekommt man in Gottesdiensten die alternative Form des Bußaktes zu hören, wo Priester und Volk im Wechsel beten: „Erbarme dich, Herr, unser Gott, erbarme dich. Denn wir haben vor dir gesündigt. Erweise, Herr, uns deine Huld. Und schenke uns dein Heil." Auch hier schließt sich die Vergebungsbitte an, das Kyrie eleison erklingt.

Als dritte Variante sieht das Meßbuch frei formulierbare Christus-Anrufungen vor, verbunden mit dem dreimaligen „Herr, erbarme dich (unser), Christus, erbarme dich (unser), Herr, erbarme dich (unser)", beziehungsweise „Kyrie eleison, Christe eleison, Kyrie eleison".

An Sonntagen und besonders in der österlichen Zeit empfiehlt die Kirche anstelle des Bußaktes das sogenannte „Asperges", die Segnung des Wassers und dessen Aussprengen über die Anwesenden als Taufgedächtnis.

Leider haben sich da und dort in den Bußakt – offenbar vorwiegend im deutschen Sprachraum – fremde Elemente eingeschlichen. Frei gestaltete Bußrufe tönen mitunter wie moralische Appelle, anstatt daß Christus in seinem Erbarmen angeredet wird. Weil diese abwegige Form relativ weit verbreitet ist, sei eine zufällige Kostprobe aus einem liturgischen Behelf wiedergegeben, um zu zeigen, wie man es nicht machen soll: „Verschlossen sind wir und mißtrauisch – und wollen doch Glück und Leben für alle; so rufen wir zu dir: Herr, erbarme dich! Kleingläubig sind wir und selbstbezogen – und sehnen uns doch nach Gemeinschaft; so rufen wir zu dir: Christus, erbarme dich! Unsicher sind wir und kennen den Weg oft nicht – und wollen doch deine Wege gehen; so rufen wir zu dir: Herr, erbarme dich!"

Die Blickrichtung stimmt hier nicht: Die Christusanrufungen der Messe sollen die Bußgesinnung ausdrücken, aber kein Gejammer und keine Selbstbeschau sein. Die Gottesdienstgemeinschaft blickt gemeinsam auf Christus und stellt sein reiches Erbarmen in die Mitte. Das sündige Ich soll ausgeblendet, der heilige Herr eingeblendet werden. Das jedenfalls ist der tiefere Sinn des griechischen „Kyrie eleison". Das Gewicht liegt auf dem „Kyrie", womit der erhöhte Herr gemeint ist. Im römischen Kaiserkult wurde der siegreiche Feldherr mit „Kyrie eleison" verherrlicht, wenn er sich der Bevölkerung zeigte, die vom ihm wie von einem Gott Wohltaten erbat. Im orientalischen Sonnenkult wurde mit demselben Ruf die göttliche Sonne bei ihrem Aufgehen begrüßt. Als die Christen dieses Gebet in ihre Liturgien aufnahmen, meinten sie genau dasselbe, nur in bezug auf Christus. Der siegreiche göttliche Erlöser, „das aufstrahlende Licht aus der Höhe" (Lk 1,78), wird gegrüßt. Das liturgische „Kyrie eleison" war von Anfang an ein Lobpreis auf die Erbarmungen des Herrn. Wie wohltuend ist diese Kursänderung, wenn anstelle einer Nabelschau ganz einfach der Herr angeschaut wird, wie er sich unser gerade erbarmt. Wenn also schon frei formuliert sein darf, dann soll der Herr in seinem Erbarmen angeredet werden – durchaus auch mit Bezug zum Tag oder zum Festgeheimnis.

Nun aber zurück zum Schuldbekenntnis, dem „Confiteor", dem eigentlichen Ort, wo wir uns wirklich eingestehen, welch großer Unterschied zwischen uns sündigen Menschen und dem heiligen Gott besteht. Es gibt kein Einswerden mit Gott ohne das Loswerden der Sünde. Bevor der Mensch eintritt in die Sphäre des heiligen Gottes, muß er den Schmutz seiner Seele ablegen. Buße und Eucharistie gehören zueinander wie die Stufe und der Gipfel.

Wer zu Christus in der Eucharistie, in seiner sakramentalen Höchstform, hinaufsteigen will, wird dies immer wieder über die sakramentale Vorstufe, die Beichte, tun. Papst Benedikt XVI. stellte am Weltjugendtag in Köln diese Verbindung her: „Mit der Liebe zur Eucharistie werdet ihr auch das Sakrament der Versöhnung neu entdecken, in der Gottes verzeihende Güte immer wieder einen Neubeginn in unserem Leben möglich macht" (Predigt bei der Meßfeier auf dem Marienfeld).

Der Bußakt der Messe ersetzt die Beichte nicht. Aber er ist eine treffliche Möglichkeit, um den Bußcharakter des christlichen Lebens in uns wachzuhalten. Heutzutage wird doch wiederholt ein öffentliches „mea culpa" für die Sünden der Kirchengeschichte erwartet. Diejenigen, die das von der Kirche fordern, haben vielleicht nie oder selten miterlebt, daß Katholiken dies bei jeder Messe tun können, und zwar viel wirksamer und vollständiger: Wir entschuldigen uns nicht vor der Öffentlichkeit für Sünden, die gar nicht wir selbst getan haben, sondern wir geben vor Gott und allen Brüdern und Schwestern öffentlich zu, daß wir täglich sündigen, ganz persönlich. Bei jeder Meßfeier geschieht Schuldbekenntnis, aber nicht vor dem Tribunal der Welt, sondern im Angesicht des gekreuzigten Christus, der einmal unser Richter sein wird. Wir sind wohl die einzige Gesellschaft dieser Welt, die ihre Versammlungen regelmäßig mit „mea culpa" beginnt. Weil der Priester unterschiedslos in den Bußakt am Anfang der Messe einbezogen ist, bekennt auch er sich vor allen Anwesenden und mit ihnen als „sündigen Diener“ (vgl. Erstes Hochgebet).

Nachdem in einigen Gegenden Europas wenig Menschen und fast immer nur die gleichen zur Messe kommen, kommt mancher Priester in die Versuchung, den Bußritus auf das Minimum zu verkürzen beziehungsweise nur mehr die Alternativformen ohne Schuldbekenntnis zu verwenden. Der Grund liegt wohl in einer gewissen Scham, diesem „kleinen Rest“ von Getreuen auch noch ein Sündenbewußtsein „einzureden“, während der Rest der Welt sich ohne Sünde fühlt. Bei größeren Feierlichkeiten mit etwas mehr Andrang entfällt der Hauptteil des Bußaktes, das Schuldbekenntnis, deshalb gern, weil man ja eine frohe Feiergemeinde sein möchte, die „unser Leben sei ein Fest“ singen und nicht Zerknirschung zelebrieren möchte. Päpstliche Liturgien, sei es bei Heiligsprechungen am Petersplatz oder bei Weltjugendtagen mit hunderttausenden Teilnehmern, beginnen wie selbstverständlich mit „Confiteor“ – „Ich bekenne“. Das ist gut so. Bußgesinnung tut der Freude keinerlei Abbruch; im Gegenteil: Aus Demut wächst Freude!

Das sinnenfällige Zeichen des Klopfens an die eigene Brust sagt mehr als viele Worte. Die dreimalige Wiederholung des Klopfens bei den Worten „durch meine Schuld, durch meine Schuld, durch meine große Schuld“ intensiviert die Zeichensprache und hilft, die Bußgesinnung zu verinnerlichen. Im christlichen Gottesdienst wird kein Finger auf die anderen gerichtet. Vor Gott gilt es „den Balken im eigenen

Auge zu sehen"(vgl. Lk 6,41) – „durch meine große Schuld." Wie gut biblisch doch die katholische Liturgie ist! Bis in kleine Details orientiert sie sich an Vorgaben der Heiligen Schrift: „Der Zöllner aber blieb ganz hinten stehen und wagte nicht einmal, seine Augen zum Himmel zu erheben, sondern schlug sich an die Brust und betete: Gott, sei mir Sünder gnädig!" (Lk 18,13).

Der Tropfen Wasser im Wein

Daß der Tropfen Wasser, der bei der Gabenbereitung dem Wein beigemischt wird, Tagesordnungspunkt auf zwei Konzilien war, ist selbst für praktizierende Katholiken überraschend. Außer den Ministranten am Altar dürften die wenigsten Gottesdienstteilnehmer wahrnehmen, wie sich bei jeder Messe im Kelch das Wasser mit dem Wein verbindet.

Im Sinne der Mystagogie, einer Hinführung zu den Geheimnissen des Glaubens, kann uns der Tropfen Wasser anregen, in die Theologie des Meßopfers tiefer einzudringen. Beim Konzil von Florenz (1439), wo es um eine Einigung mit den armenischen Christen ging, wurde der Wassertropfen einer ausführlichen dogmatischen Bewertung unterzogen. Das Konzil nennt als notwendige Materie für das Sakrament der Eucharistie „das Weizenbrot und den Wein vom Weinstock, dem vor der Konsekration ein ganz klein wenig Wasser beigemischt werden muß".

Aufschlußreich ist die Begründung: Der Herr selbst habe dieses Sakrament so eingesetzt, indem er mit Wasser gemischten Wein verwendet habe. Offenbar war es antike und jüdische Sitte, den Wein gewässert zu trinken. Beim Schriftsteller Justin, der um das Jahr 165 als Märtyrer starb, finden wir wertvolle Einblicke in die Art und Weise frühchristlicher Eucharistiefeiern. Ganz selbstverständlich bezeugt auch er: „Darauf werden dem Vorsteher der Brüder Brot und ein Becher mit Wasser und Wein gebracht."

Außer diesem Hinweis, daß Jesus es so getan hat und daß dies durch die „Zeugnisse der heiligen Väter und Lehrer der Kirche" bestätigt wird, gibt das Konzil von Florenz auch eine allegorisch-mystische Erklärung: „weil dies der Vergegenwärtigung des Leidens des Herrn entspricht". „Im Kelch des Herrn darf weder bloßer Wein noch bloßes Wasser dargebracht werden, sondern beides gemischt; denn beides, das heißt Blut und Wasser, ist, wie man liest, aus der Seite Christi heraus geflossen (vgl. Joh 19,34)." Der Opfercharakter der heiligen Messe ist somit ins Spiel gebracht, das Selbstopfer des Erlösers aus Liebe zu unserem Heil.

Auch unser Eingehen in sein Opfer ist mit gemeint, so das Konzil von Florenz. Die Wirkung des Sakramentes an uns soll im Wassertropfen zum Ausdruck kommen: „Unter dem Wasser wird das Volk verstanden, im Wein aber wird das Blut Christi gezeigt." „Indem also im Kelch Wein und Wasser gemischt wird, wird das Volk mit Christus geeint und die Menge der Gläubigen mit dem, an den sie glaubt, vereinigt und verbunden."

Warum wurde gerade auf diesem Konzil, das eine Einigung mit den monophysitisch angehauchten Armeniern zum Inhalt hatte, der Tropfen Wasser derart breit erörtert? Die monophysitische Irrlehre neigte zu einer einseitigen Überbetonung des Göttlichen in Jesus Christus. Der Ausdruck „Monophysis" bedeutet „eine einzige Natur". Die menschliche Natur, die der Sohn Gottes um unseres Heiles willen angenommen hat, sei von seiner Gottheit aufgesogen worden. Damit trat bei den Monophysiten die Wirklichkeit der Menschwerdung in den Hintergrund, die Erlösungstat am Kreuz verlor an Bedeutung.

Nun lag ein Jahrtausend zwischen dem Aufblühen dieser Häresie im 5. Jahrhundert und den Unionsverhandlungen mit den Armeniern im 15. Jahrhundert. Was sich durch den Abstand der Jahrhunderte in der Lehre vielleicht weniger problematisch darstellte, war in einem Detail der Liturgie immer noch spürbar. Die Monophysiten hatten konsequenterweise den Tropfen Wasser aus ihrer Liturgie verbannt: Die Gottheit bedarf keiner menschlichen Ergänzung, keines menschlichen Beiwerkes. Die katholische Lehre aber umspannt beide Wirklichkeiten, die göttliche und die menschliche Natur, in der einen Person Jesu Christi. So heißt es heute noch im begleitenden Gebet bei der Mischung von Wein und Wasser: „Wie dieses Wasser sich mit dem Wein verbindet zum heiligen Zeichen, so lasse uns dieser Kelch teilhaben an der Gottheit Christi, der unsere Menschennatur angenommen hat."

Wie eine theologische Entdeckungsreise liest es sich, wenn man mehr als hundert Jahre später beim Konzil von Trient im Jahre 1562 den Tropfen Wasser im Wein wiederum in einer dogmatischen Erklärung findet. Was war dem vorausgegangen? Martin Luther hatte von der Übermacht der Gnade gesprochen. Die Rechtfertigung des Menschen vor Gott könne nur durch die Gnade geschehen: „Sola gratia". Der Sünder könne durch keinerlei Beiwerk bei seiner Erlösung mitwirken, außer durch seinen vertrauensvollen Glauben: „Sola fides". Konsequenterweise hat bei den Protestanten der Tropfen Wasser im Kelch nichts mehr verloren. Das reine Gotteswerk bedarf keiner menschlichen Zutat.

Heißt es dagegen nicht beim Apostel Paulus: „Für den Leib Christi, die Kirche, ergänze ich in meinem irdischen Leben das, was an den Leiden Christi noch fehlt" (Kol 1,24)? Mit dieser Aussage will Paulus dem Erlösungswerk des alleinigen Erlösers keinen Abbruch tun. Im Gegenteil, gerade Paulus wußte aus eigener Erfahrung: „Durch Gottes Gnade bin ich, was ich bin" (1 Kor 15,10). Einmal hatte ihm sogar der Herr zu verstehen gegeben: „Meine Gnade genügt dir" (2 Kor 12,9). Trotzdem war sich der Apostel seiner Aufgabe als „Werkzeug" bewußt. Nicht an der

Erlösungstat selbst ist etwas zu ergänzen, aber bei deren Vermittlung an die Menschen, „für den Leib Christi" bedarf es des menschlichen Beitrags. Weil Christus uns nicht bloß als einzelne erlösen wollte, sondern die Erlösungstat die Auferbauung seines Leibes, der Kirche, mit einschließt, haben die einzelnen Glieder „Wassertropfenfunktion". Wir können uns diese hochtheologischen Zusammenhänge auch ganz einfach anschaulich machen: Als Jesus am Kreuz starb, tat er dies als einziger Mittler zwischen Gott und den Menschen. Daß aber Maria, Johannes und einige getreue Frauen unter dem Kreuz sich mit seinem Opfer vereinten, ist in den Augen Gottes weder Schmälerung des Opfers Jesu noch zufälliges Beiwerk. Es ist eben wie der Tropfen Wasser im Kelch des Heiles.

Kehren wir nach diesem Ausflug in die Kirchen- und Theologiegeschichte zurück zur Gabenbereitung der Messe. Wir alle, die um den Altar versammelte Gemeinschaft, sollen eine wohlgefällige Gabe für Gott werden zusammen mit dem Opfer Christi, wie die Gläubigen es im „Suscipiat" vor dem Priester ausdrücken: „Der Herr nehme das Opfer an aus deinen Händen zum Lob und Ruhme seines Namens, zum Segen für uns und seine ganze heilige Kirche."

Die Ausführungen zu einem scheinbar geringfügigen Detail der Gabenbereitung offenbaren wohl den großen geistlichen Reichtum, der in diesen Momenten der Meßfeier verborgen liegt. Es ist gut verständlich, daß die begleitenden Worte zu den Handlungen der Gabenbereitung normalerweise still gebetet werden, wie es das Meßbuch vorsieht. Die Gläubigen können währenddessen ein Gabenlied singen, das die Haltung der Hingabe fördert, auf den Chor oder die Schola lauschen, oder, was dem Geschehen durchaus angemessen ist, in Stille die Kräfte des Herzens und der Sinne zum Herrn erheben, während vielleicht die Orgel oder ein anderes Instrument leise die Handlung begleitet.

Ausdrücklich weist das Meßbuch darauf hin, daß Gabenprozessionen durch die Gläubigen dem inneren Gehalt dieses Meßteils entsprechen. Nicht zufällig wird an dieser Stelle auch der Klingelbeutel gereicht, um für die Bedürfnisse der Kirche und vor allem für die Notleidenden Gaben beizusteuern. Auch diese kleinen Gaben geben dem „Wassertropfen" konkrete Gestalt.

Julia Verhaeghe, die Mutter Gründerin der geistlichen Familie „Das Werk", deren Leben von einer tiefen Liebe zur Kirche und ihrer Liturgie geprägt war, sah im Tropfen Wasser sich selbst und ihre eigene Sendung: „Herr, laß mich im Kelch des Priesters, der dir das heilige Opfer darbringt, der kleine Tropfen Wasser sein, der sich mit dem Wein verbindet und sich darin verliert." Für einen Gläubigen, der die heilige Messe geistlich noch tiefer mitfeiern möchte, könnten diese Gebetsworte eine wertvolle Anregung sein.

Das liturgische Kleid

Die meisten Formen und Namen liturgischer Kleider haben ihren Ursprung in Moden der ausgehenden griechisch-römischen Antike im Mittelmeerraum. Die Albe leitet ihre Herkunft von der antiken Tunika ab. Die Kasel, das Meßkleid, entwickelte sich aus der Casula. Dieser mantelartige Umhang war ursprünglich eine Bekleidung für den Alltag und später, im 3. Jahrhundert, ein Festtagsmantel. Als im frühen Mittelalter neue Männermoden aufkamen, hielten die Kleriker der Kirche an den überlieferten Formen fest. Die Unterscheidung zwischen Alltagskleid und liturgischem Gewand hielt allmählich Einzug. Nicht zuletzt spielte eine Rückbesinnung auf das gottesdienstliche Kleid im Alten Testament eine Rolle. Das sakrale Kleid wurde symbolisch gedeutet. Biblische Ansätze dafür gab und gibt es genug.

Für uns scheint besonders die Offenbarung des Johannes eine Fundgrube liturgischer Anregungen zu sein, soll doch die irdische Liturgie eine Vorstufe, ein Vorgeschmack der himmlischen Erfüllung sein. Keiner der neutestamentlichen Schriftsteller aber gibt uns mehr Einblick in die himmlische Liturgie als der Seher von Patmos. Das Lamm Gottes, das er vor dem Thron Gottes schauen durfte, hat als Gefolge eine große Schar aus allen Nationen und Völkern, die durch ihre „weißen Gewänder“ (Alben) auffallen. „Sie haben ihre Gewänder gewaschen und im Blut des Lammes weiß gemacht“ (Offb 7,14). Das Kleid, das vom Blut des Lammes rein gewaschen ist, ist in der irdischen Liturgie zunächst das Taufkleid. „Denn ihr alle, die ihr auf Christus getauft seid, habt Christus als Gewand angelegt“ (Gal 3,27).

Wenn schon jeder Getaufte „Christus angezogen“ hat, dann gilt dies ebenso und in besonderer Weise für die geweihten Amtsträger der Kirche. Da der Priester bei der Messe „in persona Christi“ handelt, soll er als „anderer Christus“ erkennbar sein. In erster Linie sollte dieses Erkennen möglich sein durch das Streben des Priesters nach einem heiligmäßigen Leben und durch die gläubige Art und Weise, wie er die Messe feiert. Darüber hinaus trägt sein äußeres Erscheinungsbild dazu bei, in ihm Christus erkennbar zu machen.

Albengewänder sind nun für alle, die unmittelbar im Altarraum mitwirken, ein angemessener Ausdruck dafür, daß sie als Gläubige durch die Taufe zu einem priesterlichen Volk geworden sind. Der Priester jedoch soll sich noch einmal ein wenig unterscheiden wegen seines besonderen Priestertums. Von Jesus wird berichtet, daß sein Untergewand bei seinem Kreuzesopfer ein Besonderes war, daß es „von oben her ganz durchgewebt und ohne Naht war" (Joh 19,23). So kann und soll auch sein Diener bei der sakramentalen Vergegenwärtigung dieses Opfers ein eigenes geistliches Gewand, das Meßkleid, tragen. Ein Bischof gab auf die Frage, warum denn die Priester und Bischöfe bei der Messe herausragend schöne Gewänder tragen, die Antwort: „damit ihre Sündhaftigkeit zugedeckt wird, während sie in der Person Christi am Altar stehen".

Das ist eine treffliche Erklärung. Sie deckt sich inhaltlich mit einer Aussage von Charles de Foucauld: „Der Priester ist eine Monstranz. Seine Aufgabe ist es, Jesus zu zeigen. Er selbst muß sich zurücknehmen und zulassen, daß man nur Jesus sieht." Natürlich wird – wie bereits gesagt wurde – diese Zeigefunktion für den Größeren, für Christus, nicht allein und nicht zuerst durch das Kleid abgedeckt. Aber sie drückt sich eben auch im Äußeren aus. Das Christliche ist die Religion der Menschwerdung Gottes. Deshalb ist Liturgie immer auch sinnenfällige Darstellung des Heils in menschlichen Gebärden und Zeichen.

Bleiben wir, um das Gemeinte zu verdeutlichen, beim Bild der Monstranz: So manche gotische oder barocke Monstranz, aber auch die moderne Monstranz, mit der Papst Benedikt XVI. die Jugendlichen am Weltjugendtag bei ihrer Vigil auf dem Marienfeld bei Köln gesegnet hat, ist ein richtiger Blickfang. Auf den ersten Blick verschwindet die Hostie fast im Gold und in der edlen Form. Doch bei näherem Zusehen erblickt das im Glauben geschulte Auge zusehends Christus in der Monstranz, bis schließlich nur mehr Christus allein übrigbleibt. Die Schönheit des Gefäßes soll dazu dienen, die Gegenwart des Herrn in der Brotsgestalt für uns zum Leuchten zu bringen.

Ähnlich verhält es sich mit dem liturgischen Kleid: Ein unvoreingenommener gläubiger Blick stört sich nicht an schönen, würdigen Gewändern im Gottesdienst. Im Gegenteil, die Schönheit des Kleides kann dienlich sein, „in der Person dessen, der den priesterlichen Dienst vollzieht" (Zweites Vatikanisches Konzil, Liturgiekonstitution 7), leichter die Gegenwart des Herrn zu erkennen. Dabei geht es nicht um den Priester als Menschen, sondern darum, erkenntlich zu machen, was er kraft seiner Weihe ist und tut.

Das liturgische Gewand ist farblich dem Anlaß angepaßt. Die Farben sind weiß, rot, grün, violett und schwarz. Bei der Ausstattung darf durchaus ein Unterschied sein zwischen Alltag und Fest. Schon öfters konnte ich persönlich erfahren, daß Menschen sich nach einem Weihnachts- oder Ostergottesdienst für das Tragen des edlen Meßgewandes bedankten, das ich eigentlich nur auf das Drängen der Meßnerin hin angezogen hatte. Als ich einmal bei einer Erstkommunionfeier ein viel einfacheres Meßkleid genommen hatte als im Vorjahr, bedauerte ein Mädchen: Schade, für ihren schönsten Tag hätte sie sich das gleich schöne Kleid erwartet wie ein Jahr zuvor, als die große Schwester Erstkommunion hatte. Offenbar sieht das gläubige Volk Gottes die Kleiderfrage etwas anders als so manche Priester, die am liebsten nur in grauer Mantelalbe mit Stola die Messe feiern.

Unsere Zeit, die oft so arm ist an Wärme, so übervoll an Technologie, überflutet mit Informationen, braucht in der Liturgie wieder stärkere Symbole: keinen Prunk, aber echte und würdige Ausdrucksformen, die das Herz und die Sinne erheben. Alle Ehre aber im Gotteshaus gebührt dem Herrn: „Denn du allein bist der Heilige, du allein der Herr, du allein der Höchste: Jesus Christus, mit dem Heiligen Geist, zur Ehre Gottes des Vaters“ (aus dem Gloria-Hymnus).

Momente der Stille

Als tiefes Schweigen das All umfing und die Nacht bis zur Mitte gelangt war, da sprang dein allmächtiges Wort vom Himmel, vom königlichen Thron herab“ (Weish 18,14–15). Die Liturgie der Kirche hat dieses alttestamentliche Gotteswort aufgenommen und es auf das Ereignis der Menschwerdung bezogen. Im Stundengebet des zweiten Weihnachtstages dient dieser biblische Vers als Magnifikat-Antiphon der poetischen Umschreibung der Geburt des Erlösers: Das Eintreten Jesu in die Welt war in der Tat ein stilles Ereignis im Schweigen der Nacht, fernab vom Lärm und von der Aufmerksamkeit der Öffentlichkeit. Das erneute Eintreten Jesu in die Welt, am dritten Tag nach seinem Tod, vollzog sich wiederum, als tiefes Schweigen das All umfing: Es war früh am Morgen, als es noch dunkel war.

Zwischen diesen beiden heilsgeschichtlichen Momenten der Menschwerdung und der Auferstehung finden wir Jesus viele Male in kontemplatives Schweigen gehüllt: Immer wieder berichten uns die Evangelisten von einem Rückzug Jesu in die Stille, „um in der Einsamkeit zu beten“ (Mt 14,23). Besonders heilsträchtige Brennpunkte im Leben Jesu, die Verklärung am Berg und die Todesangst im Garten, zeigen uns den Herrn abseits der Menge, versunken im Gebet. Auch als Jesus sich anschickte, vor seinem Leiden mit seinen Jüngern das Paschamahl zu feiern, um in ihrer Mitte das Sakrament des Neuen und ewigen Bundes zu stiften, brach gerade das Schweigen der Nacht herein. Über dem Raum des Abendmahls lag eine Atmosphäre der Innerlichkeit und Sammlung.

Wie das Leben Jesu durchdrungen war von seinem kontemplativen Schweigen, so muß auch die christliche Liturgie diese Stille Christi widerspiegeln. Max Thurian, der Weggefährte von Frère Roger Schutz in den Anfängen der ökumenischen Gemeinschaft von Taizé, später Konvertit und katholischer Priester, hat vor einigen Jahren, kurz vor seinem Tod, daran erinnert: „Das große Problem des liturgischen Lebens in der heutigen Zeit kommt daher, daß die Feier zuweilen den Charakter des Mysteriums, der den Geist der Anbetung begünstigt, verloren hat. Oft wird man Zeuge eines Wortschwalls von Erklärungen und Kommentaren oder allzu langen und schlecht vorbereiteten Predigten, die wenig Raum lassen für die Kontemplation des gefeierten Mysteriums."

Anders gesagt, viele Gottesdienste leiden an Übergewicht. Sie sind überbeladen mit Worten. Die Qualität des Betens steigt keinesfalls mit der Quantität der Worte! Søren Kierkegaard sah es gerade umgekehrt: „Ich meinte erst, Beten sei Reden. Ich lernte aber, daß Beten nicht bloß Schweigen ist, sondern Hören."

Nun ist gemeinschaftliches Beten noch einmal anders als persönliches privates Gebet. Gemeinsames Gebet gründet auf fest gefügten Formen. Aber es bedarf eben auch im gemeinschaftlichen Vollzug eines Ausgleichs zwischen Reden und Schweigen, zwischen Wort und sakramentalem Zeichen, zwischen dem äußeren Tun und dem inneren Sein. Beim Eröffnungsdialog der Präfation, an jener Stelle der Messe, wo sich die liturgische Handlung auf ihren Höhepunkt zu bewegt, spricht der Priester die Mitfeiernden an mit dem Ruf: „Erhebet die Herzen." Sie antworten: „Wir haben sie beim Herrn." Daß die Gläubigen dies aufrichtig sagen können, dafür ist auch eine äußere Atmosphäre der Andacht vonnöten.

Das beginnt bereits bei der Einstimmung auf den Gottesdienst: die Art und Weise wie sich Priester, Meßner, Ministranten, Lektoren, Chorsänger usw. auf die Feier vorbereiten; wie still es im und um das Gotteshaus ist, damit die Leute auch innerlich „ankommen". Vielleicht kann ab und zu leises Orgelspiel oder sonst eine getragene Instrumentalmusik ein paar Minuten vor Beginn der Feier der Vorbereitung auf die heiligen Geheimnisse dienlich sein. Wichtig ist natürlich ein pünktliches Erscheinen: Wenn der Priester erst fünf Minuten vor der Messe in die Sakristei stürmt, der Organist mit ihm noch schnell die Lieder ausmachen soll, die Ministranten auf die Diensteinteilung warten, Lektionar und Meßbuch noch auf eine Begutachtung harren, wenn Gläubige in letzter Sekunde das Kirchenportal durchschreiten, wird innere Sammlung während der Feier schwerfallen.

Die Allgemeine Einführung in das Meßbuch in dessen neuester Ausgabe (2002) sieht während der Messe folgende Momente als mögliche kleine Räume der Stille vor: beim Bußakt vor dem Sprechen des Schuldbekenntnisses, zwischen der Aufforderung „Lasset uns beten" und dem darauf folgenden Tagesgebet, nach der Lesung vor dem Antwortpsalm, am Ende der Predigt, während der Bereitung der Gaben und nach der Spendung der heiligen Kommunion.

Außer diesen Räumen der Stille trägt sicher die kontemplative Haltung des Priesters während seiner „Amtsgebete" wesentlich dazu bei, daß sich die Herzen der Gläubigen erheben können, um beim Herrn zu sein. Wie der Name schon sagt, sollte vor allem das Hochgebet wirklich geistlicher Höhepunkt der Messe sein, auch was die Art des Vortrags betrifft. Es sollte so vorgetragen werden, daß die Engel im Himmel mit einstimmen können, daß sich ihr Lobpreis mit dem der Kirche auf Erden vereint. Jede Form von Hast, Routine, Lautstärke oder Blickkontakt mit dem

Volk sind hier fehl am Platz. Es ist auch nicht richtig, das Hochgebet in einem verkündigenden Tonfall zu sprechen wie eine Predigt. Der offene Himmel ist die Blickrichtung, der Vater die angesprochene Person, Christus der Mittler, der Heilige Geist der Beistand beim Gebet. Die schweigende Gemeinde, die erst beim „Amen“ wieder zu sprechen beginnt, ist nicht mundtot gemacht, vielmehr kann sie nirgends geistlich so aktiv sein, wie wenn sie in diese innere Bewegung der Messe bewußt eingeht.

„Gehet hin in Frieden“ als Ruf der Entlassung wird für die meisten Gottesdienstteilnehmer bedeuten, auch wirklich zu gehen. Es ist dennoch schön, wenn man danach noch ein wenig im Gebet und in der Danksagung verweilt. Die Gegenwart Christi, die sich in der heiligen Kommunion in uns eingesenkt hat, hört ja nicht sofort auf.

Kardinal Christoph Schönborn gab diese Anregung bei einer seiner Katechesen zur Eucharistie: „Wie lange dauert die Gegenwart in der Eucharistie? Der Glaube der Kirche sagt ganz klar: So lange das Zeichen da ist ... sakramental ist der Herr gegenwärtig, so lange die sakramentale Gestalt besteht. Daher eine ganz einfache praktische Schlußfolgerung: Wir gehen, solange die Kommunion sozusagen in uns noch da ist, nicht einfach zur Tagesordnung über. Darum hat es so einen großen Sinn, nach dem Empfang der Kommunion eine Weile in Stille, in Anbetung, in Dankbarkeit zu verweilen. Darum habe ich so gebeten, daß in den Gottesdiensten in unserer Diözese nach der Kommunion eine Zeit der Stille ist, der innigen Beziehung zu Christus, den ich in der Kommunion empfangen habe. Deshalb ist es schön, wenn es möglich ist, auch nach der heiligen Messe es ausklingen zu lassen, nicht einfach davonzustürmen und in den Alltag überzugehen."

Erhebung und Anbetung der heiligen Gestalten

Die heilige Eucharistie ist „die Quelle und der Höhepunkt des ganzen christlichen Lebens" (Kirchenkonstitution 11). Wenn diese Aussage des Zweiten Vatikanischen Konzils zutrifft, muß das Denken, Reden und Tun Jesu uns in der Messe geistlich nahegebracht werden. Die Messe kann dann für uns Quelle sein, wenn sie uns an das lebendige Wasser heranführt, das im Leben Jesu seinen nie versiegenden Ursprung hat. Die Messe kann dann für uns Höhepunkt sein, wenn sie uns an den Gipfel des Erlöserlebens heranführt, das Jesus auf Erden vollbracht hat. Um dies nachzuweisen, wollen wir auf das Zeugnis der Heiligen Schrift hören, um dann deren Widerhall in der Feier der Eucharistie zu suchen.

Das Johannesevangelium gibt uns besonders tiefen Einblick in die Geisteshaltung, die Jesus als Erlöser erfüllt hat. Sein Weg nach Jerusalem, um dort zu leiden, zu sterben und aufzuerstehen, wird als „Erhöhung" (Joh 3,14; 8,28; 12,32) gesehen, die eine doppelte Bedeutung hat. Zum einen gilt die Erhöhung uns: Der Menschensohn wird am Kreuz erhöht, weil er sein Leben freiwillig hingibt zu unserem Heil. Sehr schön ist dies in dem Wort ausgedrückt: „Ich bin der gute Hirt. Der gute Hirt gibt sein Leben hin für die Schafe" (Joh 10,11). Als symbolischen Ausdruck dieser Haltung des Erlösers können wir den horizontalen Balken des Kreuzes betrachten. Die andere Linie geht nach oben; im Blick auf den Vater betet Jesus: „Ich habe dich auf der Erde verherrlicht und das Werk zu Ende geführt, das du mir aufgetragen hast" (Joh 17,4). Der vertikale Balken am Kreuz ist sichtbarer Ausdruck für diese Absicht Jesu, den Vater in allem zu verherrlichen bis zur Hingabe seines Lebens.

In der Feier der Messe finden wir tatsächlich die „Erhöhung" Jesu wieder. Genau genommen sind es zwei Momente, die den genannten zwei Aspekten der einen Erhöhung am Kreuz entsprechen: Bei der Wandlung werden die heiligen Gestalten das erste

Mal „erhöht“, was man „Elevation“ nennt. Nachdem die Einsetzungsworte gesprochen sind, hebt der Priester jeweils die heilige Hostie und dann den Kelch empor. Im Schauen auf Christus in der Gestalt des Brotes und des Weines soll sich erneut das Wort der Schrift erfüllen: „Sie werden auf den blicken, den sie durchbohrt haben“ (Joh 19,37).

Die Erhebung der heiligen Hostie, um sie dem Volk zur Verehrung zu zeigen, hat erst nach Vollendung der Wandlungsworte zu erfolgen. Diesen Beschluß faßte eine Synode in Paris am Beginn des 13. Jahrhunderts. Es war das Jahrhundert der Hochscholastik, das sich mit solchen liturgischen Einzelfragen beschäftigte. Diesem Jahrhundert verdanken wir unter anderem auch die Entstehung des Fronleichnamsfestes. Die Anbetung des Herrn in seiner eucharistischen Gegenwart wurde theologisch vertieft und fand schließlich einen Höhepunkt in den schönen Hymnen des heiligen Thomas von Aquin († 1274) zur Verehrung des Altarsakramentes, die wir heute noch singen („Gottheit tief verborgen“; „Deinem Heiland, deinem Lehrer“; „Tantum ergo“; „O salutaris hostia“...).

Wenn heute bei der Messe dieser symbolische Ritus der Elevation, der Erhebung, erfolgt, können wir uns Christus in seiner Hingabe vor Augen halten. Sein für uns hingegebener Leib und sein für uns vergossenes Blut werden uns im Sakrament gezeigt. In uns werden diese Momente der Erhebung staunende Dankbarkeit und liebevolle Anbetung erwecken. Mitunter kann man Gläubige beobachten, wie sie zur Wandlung beim Emporheben der heiligen Hostie und des Kelches jeweils ein schönes Kreuzzeichen machen. Recht bedacht, ist dies ein sinnvoller Ausdruck des Glaubens an die Vergegenwärtigung des Kreuzesopfers am Altar.

Einige Gläubige sagen, sie hätten im Religionsunterricht Gebete gelernt, die sie leise zur Erhebung beten, zum Beispiel: „Jesus, dir leb' ich. Jesus, dir sterb' ich. Jesus, dein bin ich im Leben und im Tod." Auch persönlich formulierte Stoßgebete sind denkbar, etwa: „Mein Jesus, ich vereinige mich mit deinem Opfer." „Mit dir gebe ich mich hin für …" (hier können Gebetsanliegen eingefügt werden). Besonders geeignet sind natürlich biblische Gebete: „Mein Herr und mein Gott!" (Joh 20,28) bei der Erhebung der Hostie, „Jesus, hab Erbarmen mit mir!" (Mk 10,47) bei der Erhebung des Kelches. Oder in Anlehnung an den Christushymnus des Alphanus von Salerno († 1085): „Christus, göttlicher Herr, du bist meine Hoffnung, mein Friede, mein Glück, all mein Leben." „Christus, dich bete ich an, an dir halt ich fest mit der ganzen Kraft meiner Seele." Ein älterer, theologisch gebildeter Herr hat mir sein Gebet zur Elevation mitgeteilt, um es an andere weiterzuempfehlen. Es ist an den Vater gerichtet: „Nimm an, Vater im Himmel, den heiligen Leib (das heilige Blut) deines Sohnes, unseres Herrn Jesus Christus, und nimm auch mich als Opfergabe gnädig an." Angebracht ist sicher auch gänzliches Schweigen der Sinne bei gleichzeitiger Hingabe unseres Denkens, Fühlens und Wollens an den Herrn.

Wie immer man am Höhepunkt der Messe denken und beten mag, eines müßte von unserer Seite zum Ausdruck kommen: Ein dankbares Erwidern der Liebe des Herrn, verbunden mit großem Vertrauen. Denn an dieser Stelle der Erhöhung der eucharistischen Gestalten erfüllt sich von neuem das Wort: „Wenn ich über die Erde erhöht bin, werde ich alle zu mir ziehen“ (Joh 12,32). Und wenn schon „ein kleiner Tropfen des Blutes Jesu der ganzen Erde Gottes Heil zu schenken vermag“ (vgl. Hymnus „Adoro te devote“ des hl. Thomas von Aquin), wie sehr dürfen wir dann im Augenblick der Wandlung darauf vertrauen, daß der Kelch des Heiles uns heilt und heiligt.

Das zweite Mal werden die heiligen Gestalten von Brot und Wein „erhöht“ am Ende des Hochgebetes, bei der sogenannten Doxologie. War bei der heiligen Wandlung die Blickrichtung auf uns gerichtet, auf das uns durch Christi Erlösungstat geschenkte Heil, so richtet sie sich jetzt auf die durch ihn vollbrachte Verherrlichung Gottes: „Durch ihn und mit ihm und in ihm ist dir, Gott, allmächtiger Vater, in der Einheit des Heiligen Geistes alle Herrlichkeit und Ehre jetzt und in Ewigkeit.“

In einer Zeit der „merkwürdigen Gottvergessenheit“, wie sie in weiten Teilen der Welt festzustellen ist, gibt es gleichzeitig einen „Boom des Religiösen“, wie Papst Benedikt XVI. bemerkt hat. Auch unsere Breiten sind davon betroffen. Diese neue Religiosität ist oft schwer einzuordnen. Selbst tiefgläubigen Christen fällt es nicht immer leicht, das Wahre vom

Falschen zu unterscheiden. Eines kann bei der Unterscheidung hilfreich sein: Pseudoreligiöse Angebote versprechen immer irgendeine Hilfe, einen Vorteil für den Menschen. Daß Gottes Name geheiligt werde, daß sein Reich komme, daß sein Wille geschehe, diesen Aspekt kennen diese religiösen Marktartikel letztlich nicht. Die Doxologie als Schlußakkord des Hochgebetes zeigt uns die christliche Richtung an: Nach dem Heil der Menschen, das in der heiligen Wandlung angeklungen ist, folgt die Verherrlichung Gottes durch Christus, der in unserem Namen, als Haupt der neuen Menschheit, auftritt zur Ehre der Allerheiligsten Dreifaltigkeit.

Gott zu erkennen, ihn zu loben und zu lieben und dadurch selbst glücklich zu werden, das ist christliche Spiritualität. Um tief in diesen Rhythmus des Glaubens hineinzuwachsen, ist uns der bewußte Mitvollzug der Messe eine große Hilfe. Gottes Ehre und menschliches Heil verschmelzen im Meßopfer zur wunderbaren Einheit. Ein vielzitiertes Wort des heiligen Irenäus von Lyon faßt in kompakter Rede diesen Kreislauf der Erhöhung zusammen: „Gottes Ruhm ist der lebendige Mensch, das Leben des Menschen aber ist die Anschauung Gottes.“

Die Arznei der Unsterblichkeit

Im letzten Kapitel war von der Erhöhung Jesu die Rede, welche an zwei Stellen der Eucharistiefeier zeichenhaft dargestellt wird: bei der Wandlung und bei der Doxologie. Genau genommen kennt die Meßfeier aber drei Erhebungen: Noch einmal wird uns der Leib des Herrn unmittelbar vor der Einladung zur heiligen Kommunion gezeigt: „Seht das Lamm Gottes, das hinwegnimmt die Sünde der Welt!"

Die Sünde ist aus der Sicht des Glaubens letzte und tiefste Ursache für den Tod. Der Tod, wie wir ihn kennen, nämlich als zerstörerische Macht, war von Gott für den Menschen nicht vorgesehen. Hätte der Mensch nicht gesündigt, wäre es nicht dazu gekommen. „Durch die Sünde ... gelangte der Tod zu allen Menschen“ (Röm 5,12). Der Tod wurde zur allgemeinen und absolut sicheren Gegebenheit des menschlichen Daseins: Wer in dieser Welt geboren wird, wird sie als Toter verlassen.

Daß wir trotz des Todes und über den Tod hinaus Hoffnung auf ein ewiges Leben haben, liegt nicht in unserem Vermögen. Niemand kann sich die Auferstehung selbst erwerben, das vermag allein die Gnade Gottes. „Gott aber sei Dank, der uns den Sieg geschenkt hat durch Jesus Christus, unseren Herrn“ (1 Kor 15,57). Derselbe, der gekommen ist, um uns von der Sünde zu befreien, will uns auch aus der Macht des Todes retten.

In der Taufe macht Gott den Anfang, indem er uns die Gnade der „Wiedergeburt“ für das ewige Leben schenkt. Es ist wie bei einer Impfung vor einer langen und gefährlichen Reise. Die Taufe gibt uns erste „Impfstoffe“ gegen den ewigen Tod. Diese „Impfstoffe“ müssen im Laufe des Lebens aufgefrischt werden, vor allem durch die anderen Sakramente. Die heiligen Sakramente, unter ihnen besonders die Buße und die Eucharistie, sind Arzneimittel gegen die Sterblichkeit.

Christen waren sich immer bewußt, daß sie ohne die heilige Messe, ohne Eucharistie wenigstens am Sonntag, nicht überleben können. „Ohne die Herrenfeier am Sonntag können wir nicht leben“, bekannten die Märtyrer von Abitene († 304) vor dem heidnischen Richterstuhl. „Es ist nicht Positivismus oder Machtwille, wenn die Kirche uns sagt, daß zum Sonntag die Eucharistie gehört" (Papst Benedikt XVI.). Es geht hier nicht um ein von außen auferlegtes Gebot, es geht um unser Überleben: Wenn wir nicht regelmäßig Christus und seine Gnade in uns aufnehmen, wenn wir uns nicht dauernd „impfen" lassen gegen den Tod und seine Folgen, dann haben wir keine Garantie, daß wir das ewige Leben erreichen. Der Sonntag ist wöchentlicher „Impftag", weil dort die Kraft des Auferstandenen am ursprünglichsten wirksam wird.

Die innere Verknüpfung von Eucharistieempfang und Verheißung der Auferstehung ist kein nachträgliches Konstrukt der Theologen. Diese Verbindung ist biblisches Urgestein. Der Evangelist Johannes hat das sechste Kapitel seines Evangeliums der Eucharistie gewidmet. Es enthält die große eucharistische Rede Jesu in der Synagoge von Kafarnaum. Bei aufmerksamer Lektüre fällt der zweimalige Hinweis auf: die Eucharistie ist Unterpfand der Auferstehung (vgl. Joh 6,44.54). Sehr deutlich sagt Jesus: „Amen, amen, das sage ich euch: Wenn ihr das Fleisch des Menschensohnes nicht eßt und sein Blut nicht trinkt, habt ihr das Leben nicht in euch. Wer mein Fleisch ißt und mein Blut trinkt, hat das ewige Leben, und ich werde ihn auferwecken am Letzten Tag" (Joh 6,53–54).

Bei den alten Kirchenschriftstellern finden wir diese Aussagen vertieft und entfaltet wieder. Gregor von Nyssa († nach 394) vergleicht in einer Katechese den Zustand des sterblichen Menschen mit einer tödlichen Vergiftung. Nur durch ein Gegenmittel kann diese todbringende Macht gebrochen werden. „Was ist nun diese Speise?“ fragt der heilige Gregor. Er antwortet: „Kein anderer als jener Leib, der den Tod überwunden und uns das Leben gebracht hat. Denn wie nach den Worten des Apostels ein wenig Sauerteig die ganze Teigmasse sich ähnlich macht, so bildet jener von Gott mit Unsterblichkeit ausgestattete Leib den unsrigen nach sich selbst um und verwandelt ihn.“ Der heilige Kirchenvater erklärt dann weiter, wie das Brot und der Wein durch Gottes Wort in den Leib des auferstandenen Christus verwandelt werden, „damit auch der Mensch durch sein Einswerden mit dem Unsterblichen der Unsterblichkeit teilhaftig werde.“

Eine Verstehenshilfe für die Eucharistie als „Arznei der Unsterblichkeit“ kann uns ein kleiner Exkurs in die Dogmengeschichte sein. Und zwar geht es um die theologischen Vernunftgründe für das Dogma der Aufnahme Mariens in den Himmel. Warum hatte die Gottesmutter Maria dieses Privileg, daß sie in der Stunde ihres Todes von Gott mit Leib und Seele in den Himmel aufgenommen wurde, ohne daß ihr Leib die Verwesung schauen mußte?

Ein Grund, der in den Predigten der Kirchenväter immer wieder genannt wird, ist die biblische Lehre, daß Maria von Gott zur Mutter des Herrn erwählt war. Kein Mensch der Welt war Christus so verbunden wie Maria, seine Mutter. Sein Leib stammt aus ihrem Leib, sein Blut von ihrem Blut. Wie der Leib der Gottesmutter ihn bis zu seiner Geburt getragen und genährt hat und somit zu einem Heiligtum Gottes geworden ist, so sollte ihr Leib auch nach dem Tod heilig bleiben und der Verwesung entzogen werden.

Was Maria kraft ihrer Berufung war, nämlich Gottesträgerin, müssen wir erst allmählich werden. In der heiligen Eucharistie nehmen wir Christus in uns auf. Eigentlich würde eine einzige heilige Kommunion ausreichen, um uns ganz mit Christus eins werden zu lassen. Von seiner Seite aus wäre das möglich. Aber wegen unserer menschlichen Schwachheit brauchen wir die Wiederholung. Wir müssen immer wieder „den unsterblichen Leib Christi aufnehmen, um ganz nach seiner göttlichen Natur umgeformt zu werden“ (vgl. hl. Gregor von Nyssa).

Niemand kann sich selber in den Himmel aufnehmen. Wenn wir aber wie Maria Christus mehr und mehr in uns tragen, wird er an uns künftig tun, was er an Maria schon vorweggenommen hat. In der Stunde unseres Todes oder wenigstens nicht weit davon entfernt soll der Herr eines Tages unsere „Wegzehrung“ werden: Eine letzte „Impfung“ wird das sein, damit der Todesstachel uns nicht schaden kann. Weil aber niemand von uns um diese Stunde weiß, soll die Eucharistie wenigstens jeden Sonntag, am besten auch wochentags, unsere Arznei sein. Dann sind wir immer für den Übergang bereit.

Herr, ich bin nicht würdig

Die Bezeichnung der Eucharistie als „Arznei der Unsterblichkeit“ deutet an, daß die Einnahme der heiligen Kommunion sorgsam bedacht werden muß. Das beste Medikament kann zum Schaden gereichen, wenn es nicht richtig verabreicht wird. Zudem bleibt zu bedenken, daß es ein „Jemand“ ist, der im Sakrament des Altars vom Menschen aufgenommen wird. Wer kommuniziert, nimmt Christus in sich auf, der sich ihm durch den Dienst der Kirche schenkt. Der rechte Kommunionempfang hat demnach eine persönliche, aber auch eine kirchliche Dimension. Die Kirche verwaltet die Ausspendung der heiligen Eucharistie und bestimmt die Voraussetzungen für einen würdigen und fruchtbaren Kommunionempfang.

Bereits im Leben der Urkirche erfahren wir von ersten Schwierigkeiten, was den würdigen Kommunionempfang betrifft. In der jungen Gemeinde von Korinth fehlte es bei einigen Christen an der Unterscheidungsgabe gegenüber dem Leib des Herrn. Manche bedachten nicht, daß das Brot, das sie in der Eucharistie zu sich nehmen, der Leib des Herrn ist. Der heilige Apostel Paulus sah darin eine Verfehlung gegenüber dem Geber dieser heiligen Gabe, aber auch einen Mangel an Kirchlichkeit. Dem Apostel zufolge ist die Kommunion die tiefste und wirkmächtigste Herbeiführung der kirchlichen Einheit: „Ein Brot ist es. Darum sind wir viele ein Leib; denn wir alle haben teil an dem einen Brot“ (1 Kor 10,17). Wer unwürdig kommuniziert, versündigt sich gegen den Herrn und seinen Leib, die Kirche.

„Wer also unwürdig von dem Brot ißt und aus dem Kelch des Herrn trinkt, macht sich schuldig am Leib und am Blut des Herrn. Jeder soll sich selbst prüfen; erst dann soll er von dem Brot essen und aus dem Kelch trinken. Denn wer davon ißt und trinkt, ohne zu bedenken, daß es der Leib des Herrn ist, der zieht sich das Gericht zu, indem er ißt und trinkt“ (1 Kor 11,27–29).

Was von Christus her als Brot des Lebens gedacht ist, kann durch ungeprüften Empfang das Gericht verursachen anstatt das ewige Leben zu schenken. Ohne das Wort „Arznei“ zu verwenden, meint der

Apostel Paulus genau dies: Eine unwürdige Kommunion schadet dem Empfänger, so wie eine falsch eingenommene Medizin dem Menschen schaden kann. „Deswegen sind unter euch viele schwach und krank, und nicht wenige sind schon entschlafen" (1 Kor 11,30). Ein trauriger Befund! Wenige Jahre, nachdem Jesus diese Liebesgabe seines Herzens eingesetzt hat, gibt es schon Klagen über ein Abgleiten in Verirrungen. Was eine Speise des ewigen Lebens sein soll, wurde manchem zum „Krankheitserreger" beziehungsweise zum „Todesbeschleuniger".

Der „Skandal" der Gemeinde von Korinth war offenbar die Trennung von Eucharistie und Leben, von Gottesdienst und rechtem Umgang miteinander. Die wohlhabenden Gemeindemitglieder hatten die Armen übersehen und völlig übergangen. Diese Lieblosigkeit und der grobe Mangel an Solidarität bleiben für immer ein warnendes Beispiel. Wer sich dem Altar des Herrn nähert, muß sich gerade auch in dieser Hinsicht selbst überprüfen.

Ein kirchengeschichtlicher Befund zeigt, daß die Kirche sich immer wieder mit zwei unterschiedlichen Fehlhaltungen auseinanderzusetzen hatte: Der unbedachte Kommunionempfang einerseits und das überängstliche Fernbleiben vom Tisch des Herrn andererseits. Der heilige Chrysostomus, einer der großen Kirchenväter des Ostens, hielt mehrere bewegende Predigten zu diesem Thema. Wer nicht weiß, daß seine Worte an Zuhörer des 4. Jahrhunderts gerichtet sind, könnte meinen, es wären Ansprachen eines Pfarrers oder Bischofs an eine moderne katholische

Gemeinde im 21. Jahrhundert: Sobald festliche Anlässe kommen, strömen die Leute in Scharen zum Tisch des Herrn, nicht weil sie so gut vorbereitet sind, sondern weil alle hingehen. „Viele, sehe ich, empfangen den Leib Christi ohne weiteres und wie es sich gerade trifft, mehr nach Gewohnheit und Herkommen als mit Bedacht und Überlegung." Dann wieder bleiben die Gläubigen lange Zeit dem Tisch des Herrn fern, wiederum aus reiner Gewohnheit, so bemängelt Chrysostomus.

Um uns vom einen wie auch vom anderen Fehlverhalten zu bewahren, hat die Kirche im Laufe der Zeit Zulassungsbedingungen für den Tisch des Herrn ausgesprochen. Im wesentlichen sind die heutigen Bedingungen identisch mit dem, was bereits die frühchristliche Praxis an Vorgaben kannte. Justin der Märtyrer schreibt um das Jahr 150 und gibt damit apostolische Tradition wieder: „Diese Nahrung heißt bei uns Eucharistie. Niemand darf daran teilnehmen, als wer unsere Lehren für wahr hält, das Bad zur Nachlassung der Sünden und zur Wiedergeburt empfangen hat und nach den Weisungen Christi lebt. Denn nicht als gewöhnliches Brot und als gewöhnlichen Trank nehmen wir sie."

Die Taufe als Ursakrament wird als Voraussetzung genannt. Sie ist das Reinigungsbad, welches für die eucharistische Vereinigung mit dem Herrn bereit macht. Die Taufe ist wie eine Pforte. Wer sie durchschritten hat, erfährt in der Eucharistie die Vollendung der christlichen Initiation, der Eingliederung in die Christus- und Kirchengemeinschaft. Ungetaufte können nicht zur Eucharistie zugelassen werden. Sie müssen zuerst Christus im Glauben annehmen und im Wasser der Taufe ihm geweiht werden.

Auch die gläubige Zustimmung zur Kirche und zu ihrer Lehre ist eine Bedingung für den Sakramentenempfang. Man kann nicht den Leib Christi empfangen wollen, die Lehre Christi aber abweisen. Daraus erklärt sich auch der Grundsatz, daß Christen, die nicht in der vollen Gemeinschaft mit der katholischen Kirche stehen, die heilige Kommunion nicht empfangen können – ausgenommen sind sehr seltene Ausnahmesituationen, wie etwa die Todesgefahr. Wer die Kommunion empfängt, empfängt im Sakrament nicht nur Christus, er vereinigt sich auch in höchstmöglicher Weise mit der Kirche, dem mystischen Leib Christi. Ein Kommunionempfang an der Kirche vorbei ist weder möglich noch heilsam.

Wenn die Kirche die sogenannte Interkommunion ablehnt, tut sie dies auch aus Ehrfurcht vor den Christen anderer Konfessionen. Würde ein evangelischer Christ in einer katholischen Meßfeier zum Tisch des Herrn eingeladen, brächte man dadurch zum Ausdruck, daß er in der vollen Gemeinschaft mit der Kirche steht und Katholik ist. Dies aber kann ein überzeugter evangelischer Christ sicher nicht wollen. Da gehört zuerst seine Zustimmung zum Glauben der katholischen Kirche verbunden mit der Aufnahme in sie, dann folgt, als Vollendung, die Kommuniongemeinschaft.

Innerkirchlich bedeutsam ist die von Justin erwähnte Zulassungsbedingung, „nach den Weisungen Christi“ zu leben. Hier dürften bei den heutigen Verhältnissen die meisten Schwierigkeiten liegen. Zwei Bereiche ragen aus dem Vielerlei hervor, das in dieser Hinsicht aktuell ist.

Verhältnismäßig viele Katholiken verspüren nicht das Bedürfnis, Sonntag für Sonntag die heilige Messe mitzufeiern. Wenn sie aber ab und zu zur Messe kommen, haben sie sehr wohl das Bedürfnis, zum Tisch des Herrn zu gehen. Es scheint ihnen nicht bewußt zu sein, daß die Vernachlässigung der Sonntagsheiligung einen schwerwiegenden Mangel darstellt. Im Grunde genommen ist diese Haltung paradox und unverständlich: Man möchte mit dem Herrn im Sakrament eins sein, sucht aber nicht die Einheit mit seinen Geboten. Der Empfang des Leibes Christi ohne das Erfüllen des Gesetzes Christi ist aber sicher nicht im Sinne des Stifters und somit nicht heilsam.

Der zweite Bereich betrifft die verschiedensten irregulären Situationen hinsichtlich des Sakramentes der Ehe. Die einzelnen Sakramente können nie voneinander getrennt werden. Sie sind aufeinander hingeordnet und unauflöslich miteinander verbunden: so auch Ehe und Eucharistie. In beiden Sakramenten geht es um die leibliche Hingabe zweier Personen. Wer sich nun einer anderen Person hingibt, so daß „die zwei ein Fleisch werden“ (Mt 19,5), kann dies nach kirchlicher Lehre nur innerhalb der sakramentalen Ehe tun. Für ein getauftes Mitglied der Kirche gibt es keine neutrale Zone, was das Ehesakrament anbelangt. Jede geschlechtliche Vereinigung außerhalb des christlichen Ehebundes widerspricht dem

Bund mit Christus, in den wir durch unsere Taufe eingetreten sind. Es sind zwar sehr viele, die heute davon betroffen sind. Die Kirche aber bleibt ihrem Glauben treu, wenn sie daran festhält: Wer sich ohne Ehesakrament mit einem Partner, einer Partnerin leiblich vereinigt, kann sich in diesem Zustand nicht in der heiligen Kommunion mit dem Leib Christi vereinigen. Das betrifft also freie Verbindungen und außereheliche Verhältnisse genauso wie bloß standesamtlich Verheiratete, ob in erster oder in zweiter Ehe.

Es stellt sich die Frage, ob die Kirche mit dieser hohen Auffassung von den Sakramenten nicht vielen ihrer Mitglieder die nötigen Gnadenmittel vorenthält: Wenn schon die Eucharistie die Arznei der Unsterblichkeit ist, wie kann sie dann Gläubigen verweigert werden? Hierzu ist zu sagen, daß es eigentlich keine einzige menschliche Situation gibt, wo die Kirche kategorisch die heilige Kommunion für immer ausschließt. Durch das Bußsakrament können die meisten Hindernisse beseitigt werden. Freie Verbindungen können durch das Ehesakrament geordnet werden, und selbst geschiedene Wiederverheiratete könnten in die Kommuniongemeinschaft aufgenommen werden, wenn sie sich entschließen, fortan auf das Ein-Fleisch-Werden mit jenem Partner zu verzichten, der vor Gott nicht der ihrige ist.

Weil die Kirche immer um die Schwachheit ihrer Glieder wußte und weiß, erwartet sie als Mindestmaß von einem Katholiken, daß er „durch das Bußsakrament vorbereitet, wenigstens einmal im

Jahr die Eucharistie empfängt, wenn möglich in der österlichen Zeit" (Katechismus der Katholischen Kirche, Nr. 1389). Der Rückgang der Beichtpraxis bei gleichzeitiger Zunahme der Kommunionhäufigkeit ist sicher eine pastorale Sorge, die die Kirche zur Zeit bewegt. Die Wiederentdeckung des Bußsakramentes wird wesentlich zum fruchtbaren Kommunionempfang beitragen.

Wer aus seiner momentanen Lebenssituation, die der kirchlichen Lehre nicht entspricht, nicht ausbrechen und deshalb seine „Osterpflicht" nicht erfüllen kann, soll sich wenigstens in Sehnsucht nach der heiligen Kommunion mit Christus vereinigen und ihn bitten, er möge ihm im entscheidenden Moment seines Lebens die Gnade geben, das Sakrament der Unsterblichkeit zu empfangen.

Beim Gebet „Herr, ich bin nicht würdig, daß du eingehst unter mein Dach, aber sprich nur ein Wort, so wird meine Seele gesund!" wird der Herr auf jeden Fall hinhören, ob nun jemand sehnsüchtig nach der heiligen Kommunion Christus „unter sein Dach" aufnimmt, oder ob er ihn auch sakramental in der heiligen Hostie empfangen kann. Der geistliche Kommunionempfang muß auf jeden Fall dem sakramentalen vorausgehen, damit das heiligste aller Sakramente, die Eucharistie, ihre volle Wirkung entfalten kann.

Erbarme dich unserer verstorbenen Brüder und Schwestern

Maria Magdalena steht das Privileg zu, Erste zu sein, was die vom Neuen Testament bezeugten Begegnungen mit dem auferstandenen Herrn anbelangt. Die Art des Wiedersehens mit dem geliebten Meister sagt einiges über das Neue, das durch das Ereignis der Auferstehung in die Welt gekommen ist. Maria Magdalena tut zunächst, was Menschen in solchen Situationen zu tun pflegen. „Maria stand draußen vor dem Grab und weinte. Während sie weinte, beugte sie sich in die Grabkammer hinein" (Joh 20,11). Diese gemüthafte Bindung an das Grab ist typisch menschlich. Ein Nahestehender, der über den Verlust eines lieben Menschen trauert, kehrt aus innerem Antrieb ans Grab zurück. Dort sucht er in seinem Schmerz Spuren des dahingeschiedenen Lebens. Er stellt Bilder auf, läßt ein Grabmonument anfertigen, bringt Blumen und zündet Kerze um Kerze an. Wie viele Tränen hängen an den Gräbern unserer Lieben! Gott sei Dank gibt es in unseren Breiten einen respektvollen Umgang mit den Grabstätten, die schön gepflegt sind. Aus dem Frühchristentum wird uns berichtet, daß die Sorge der Christen um die Gräber schon damals ein Merkmal ihrer Religion war, das auf Außenstehende anziehend wirkte.

Das Neue jedoch, das Maria Magdalenas Begegnung aufzeigt, ist die Umkehr der Blickrichtung. Nicht im Grab oder aus dem Grab heraus erschien ihr Jesus. Er stand auf der anderen Seite, dem Grab gegenüber. Sie konnte ihn erst erkennen, nachdem sie sich umgedreht hatte: „Da wandte sie sich um und sah Jesus dastehen, wußte aber nicht, daß es Jesus war" (Joh 20,14). Das Erkennen des Herrn, verbunden mit dem freudigen Ausruf „Rabbuni" – „mein Meister", geschah mit dem Rücken zum Grab.

Damit hat Jesus der christlichen Religion eine neue Blickrichtung geschenkt. Nicht das Grab, in dem der Leichnam gelegen hat, wird zum vorzüglichen Ort der kultischen Verehrung Jesu. Der eigentliche „Ort" des christlichen Gottesdienstes ist der Herr selbst in seiner neuen, verklärten Gegenwart. Es ist in Erfüllung gegangen, was Jesus seinen Jüngern in der Stunde des Abschieds versprochen hatte: „Ich werde euch nicht als Waisen zurücklassen, sondern ich komme wieder zu euch“ (Joh 14,18).

Noch einen Schritt weiter führte der auferstandene Herr seine Jünger, als er acht Tage später den Apostel Thomas belehrte. Er forderte ihn auf, seine Hand in seine Seite zu legen. Vor der verklärten, aber vom Kreuz her immer noch geöffneten Seite Jesu rief Thomas aus: „Mein Herr und mein Gott“ (Joh 20,28). Damit wird offenkundig: Die Seite Jesu, sein Herz, ist das neue Zentrum der Christusbegegnung. Dieses wird von nun an im christlichen Gottesdienst immer offenstehen.

Das Grab Jesu, in dem der Leichnam gelegen hat, gerät deshalb nicht in Vergessenheit. Es bleibt ein „Zeichen der Hoffnung“, sagt die katholische Begräbnisliturgie. Jesus selber finden wir nicht im Grab oder in der Nähe des Grabes. Es ist ein wesentlicher Unterschied zwischen dem Grab des Herrn und etwa einem Pharaonengrab in den Pyramiden oder einem Heldengrab eines Perikles, eines Napoleon oder eines anderen Großen der Weltgeschichte. Die Auferstehung ist der Wendepunkt. Bezeichnenderweise liest der Besucher des „Heiligen Grabes“ in Jerusalem auf der Inschrift oberhalb der Grabplatte nicht: „Hier lag der Leichnam Jesu“, sondern: „Hier ist Christus auferstanden“.

Was Maria Magdalena, Thomas und andere nach der Auferstehung Jesu erlebten, wird in gewisser Weise auch uns zugänglich in der Begegnung mit dem Wort Gottes und in den heiligen Sakramenten. Das „Begegnungszentrum“ schlechthin zwischen uns und dem Herrn ist die Feier der Eucharistie. Am Altar sind wir näher bei Christus als bei einem Besuch der bedeutendsten Stätten Israels, an denen der Herr gewirkt hat, an der Grotte in Bethlehem und an seinem Grab in Jerusalem.

Machen wir einen kleinen Gedankensprung zum christlichen Totengedenken. In abgewandelter Form gilt für die Gräber unserer Lieben Ähnliches. Natürlich sind unsere Verstorbenen noch nicht auferstanden wie Jesus. Ihre Leiber liegen noch im Grab. Die leibliche Auferstehung erwarten wir erst am „Jüngsten Tag“. Die Seele aber, die innerste Mitte der Person, ist nicht im Grab. Alle, die „in Christus entschlafen sind“ (vgl. 1 Kor 15,18), finden wir nicht im Grab wieder, wir finden sie „im Herrn“. Mit anderen Worten: Christliche Gräber sind zwar wichtige Gedenkstätten, der „Kontakt“ mit den Verstorbenen aber geschieht nicht so sehr über das „Medium“ Grab. Er geschieht vor allem über das „Medium“ Christus. Der Herr selbst sagt im Johannesevangelium: „An jenem Tag werdet ihr erkennen: Ich bin in meinem Vater, ihr seid in mir und ich bin in euch“ (Joh 14, 20).

In der Feier der Eucharistie ist Christus unser Mittler – auch was die Verbundenheit mit unseren Verstorbenen betrifft. In der Eucharistie gibt es Jesus nie „exklusiv“, also nie ganz für sich allein. Er wird uns immer „inklusiv“ geschenkt, nämlich mit allen, die zu ihm gehören: In der heiligen Eucharistie sind irdische und jenseitige Kirche als der eine Leib Christi am unmittelbarsten vereint. Hier baut sich die gnadenhafte „Gemeinschaft der Heiligen" auf, wie das Apostolische Glaubensbekenntnis sagt. Hier teilt die himmlische Kirche der Kirche auf Erden ihre Güter mit. Hier tritt die irdische Kirche für ihre läuterungsbedürftigen Brüder und Schwestern ein, die im Fegfeuer schon nahe, aber doch noch nicht ganz bei Christus sind.

Bevor wir der heilbringenden Kraft des Meßopfers für unsere Verstorbenen näher nachgehen, ist es nützlich, daß wir uns der Möglichkeit und Notwendigkeit einer jenseitigen Läuterung bewußt werden: Der Himmel, an den wir glauben, ist so wunderbar, daß alle menschlichen Worte versagen. Will jemand in den Himmel eingehen, muß er selbst ein Stück Himmel geworden sein. Wer Gott schauen will, muß zuerst in Gottes Bild verwandelt werden. Und Gott ist Liebe, Heiligkeit, Gerechtigkeit, Barmherzigkeit in höchster Vollkommenheit. All das muß sich in einem Menschenherzen widerspiegeln. Nur so können wir für immer mit Gott glücklich sein. Der geistliche Dichter Angelus Silesius († 1677) sah das so: „Gott wohnt in einem Licht, zu dem die Bahn gebricht, wer es nicht selber wird, der sieht ihn ewig nicht."

Auch gibt es im Himmel nur mehr Brüder und Schwestern und Freunde. Dort kann man keinem mehr aus dem Weg gehen. Dafür muß unsere Beziehungsfähigkeit ausgebaut werden. Wenn die Menschen – natürlich vorausgesetzt, daß sie in der Gnade Gottes sterben – alle von der Erde unmittelbar in den Himmel kämen, wäre das kein rechter Himmel. Die mitmenschlichen Mängel und sozialen Konflikte würden sich endlos weiterziehen, wenn nicht das Herz ein anderes geworden ist. Die übernatürliche Liebe, das heißt die uns in der Taufe von Gott mitgeteilte und sich in unserem freien Willen entfaltende Liebe, muß unser ganzes Wesen durchdringen. Diese innere Umwandlung aber ist ohne einen läuternden Prozeß, ohne eine Reinigung, undenkbar.

Der katholische Glaube sagt: Diese Läuterung sollte eigentlich schon in unserem Erdenleben stattfinden. Zugleich aber ist Gott so barmherzig, daß er für jene, die zwar in seiner Gnade sterben, doch die für den Himmel notwendige Heiligkeit noch nicht erlangt haben, die Möglichkeit einer Läuterung nach dem Tod schenkt. Das ist mit dem Wort Fegfeuer gemeint. Wir Lebenden können den Verstorbenen in ihrer Läuterung beistehen. Wir können ihnen helfen, indem wir genau das tun, was sie im Leben versäumt haben. Besonders wertvoll – nach früh bezeugtem kirchlichem Glauben – ist die Darbringung des eucharistischen Opfers für die Verstorbenen. In der heiligen Messe wird das kostbare Blut des Erlösers den Verstorbenen aufs neue zugewandt, um an ihnen die Erlösung zu vollenden. Das ist der Sinn der Totenmesse, die auch „Requiem" genannt wird.

Der „Katechismus der Katholischen Kirche" führt aus: „Das eucharistische Opfer wird auch für die in Christus gestorbenen Gläubigen dargebracht, die noch nicht vollständig gereinigt sind, damit sie in das Reich Christi, in das Reich des Lichtes und des Friedens eingehen können" (Nr. 1371). Als Zeugin für diese Glaubenslehre wird die heilige Monika angeführt, die Mutter des heiligen Augustinus. Kurz vor ihrem Tod belehrte sie ihre beiden Söhne. Sie hatten sich Sorgen gemacht, ihre Mutter werde fern der Heimat sterben und müsse in der Fremde begraben werden. Monika wandte sich an sie: „Begrabt diesen Leib, wo immer er sei: um ihn sollt ihr euch keine Sorgen machen. Nur um das eine bitte ich euch: Wo ihr auch sein werdet, gedenkt meiner am Altare des Herrn" (Bekenntnisse des heiligen Augustinus). Diese tiefgläubige Frau hat demnach erkannt: Wir sind den Verstorbenen am Altar noch viel „näher" als an deren Grab.

Ein anderer wichtiger Zeuge frühchristlicher Überlieferung ist der heilige Cyrill von Jerusalem († 386). In seinen berühmten mystagogischen Katechesen erklärt er den Taufbewerbern die Feier der göttlichen Liturgie. Unter anderem sagt er: „Dann beten wir für die bereits entschlafenen heiligen Väter und Bischöfe und überhaupt für alle unsere Verstorbenen. Wir glauben nämlich, daß die Seelen, für welche während des heiligen, erhabensten Opfers gebetet wird, sehr großen Nutzen davon haben ... Wir bringen Gott für die Verstorbenen, obwohl sie Sünder waren, unsere Gebete dar ... Wir opfern den für unsere Sünden hingeopferten Christus. Dadurch versöhnen wir den menschenfreundlichen Gott mit ihnen und mit uns."

Zum Priester kommen regelmäßig Gläubige mit einer „Meßintention". Meistens ist dies die Bitte, die heilige Messe an einem bestimmten Tag für einen bestimmten Verstorbenen zu feiern. Die Gläubigen zahlen dafür ein sogenanntes „Meß-Stipendium", einen von der Diözese festgelegten kleinen Betrag pro Messe zum Lebensunterhalt des Priesters beziehungsweise für die Erfordernisse der Kirche. In vielen Ländern lebt ein Großteil der Priester fast ausschließlich davon. Bei uns in Mitteleuropa geht es weniger um den Lebensunterhalt der Priester; im Vordergrund steht mehr das Bedürfnis der Menschen, für ihre Anliegen und vor allem zugunsten der Verstorbenen eine persönliche Opfergabe zu geben.

Es gehört zu den katechetischen Aufgaben der Kirche, den Sinn dieses Brauches zu erklären und verständlich zu machen, daß die Geldspende nicht die Hauptsache ausmacht. Richtig fruchtbar kann diese Gewohnheit der Meßintention für Verstorbene dann werden, wenn die Angehörigen möglichst selber die Messe mitfeiern und sich mit dem Opfer Christi innerlich vereinigen. Die Kirche ermutigt uns, mit großem Vertrauen an der heiligen Eucharistie für die Verstorbenen teilzunehmen. Im „Katechismus" heißt es: „Schon seit frühester Zeit hat die Kirche das Andenken an die Verstorbenen in Ehren gehalten und für sie Fürbitten und insbesondere das eucharistische Opfer dargebracht, damit sie geläutert werden und zur beseligenden Gottesschau gelangen können" (Nr. 1032).

Unser regelmäßiger Gang zu den Gräbern und die bewußte Pflege der Grabstätten werden ergänzt und vollendet von der möglichst häufigen und gläubigen

Mitfeier der heiligen Messe. Über das uns dort offenstehende Herz des Erlösers kann es zu einer echten „Begegnung“ zwischen uns und den „Verstorbenen in Christus“ kommen. Im Herzstück der Meßfeier, dem Eucharistischen Hochgebet, wird den Verstorbenen ein besonderer Platz eingeräumt: Neben der Gottesmutter Maria, den Aposteln, Märtyrern und Tagesheiligen, neben Papst und Bischof, sind die Verstorbenen diejenigen, deren „Einberufung“ nie unter den Tisch fällt: „Gedenke unserer Brüder und Schwestern, die entschlafen sind in der Hoffnung, daß sie auferstehen. Nimm sie und alle, die in deiner Gnade aus dieser Welt geschieden sind, in dein Reich auf, wo sie dich schauen von Angesicht zu Angesicht“ (Zweites Eucharistisches Hochgebet).

Die tägliche Friedensfeier

Man möchte meinen, daß die Menschheit aus ihrer Ahnengeschichte gelernt hat. Daß dem nicht so ist, zeigt ein unbefangenes Wahrnehmen der täglichen Nachrichten. Die Zahl der Konflikte und Terrornetzwerke scheint weltweit im Zunehmen zu sein.

Was können der einzelne Christ und die christliche Gemeinschaft angesichts der vielen alten und neuen Konflikte und Kriege tun? Neben Friedensinitiativen im privaten und öffentlichen Bereich steht jedem von uns und der Kirche als ganzer täglich der Zutritt zu jener Friedenskundgebung offen, die uns Christus selber geschenkt hat: zur Feier der Messe.

Schon rein äußerlich betrachtet offenbaren sich katholische Gottesdienste als friedliche Zusammenkünfte. Wer Lourdes, Fatima oder Mariazell besucht, erlebt während der Gottesdienste eine katholische „One world"-Gemeinde, wo Menschen verschiedener Nationen, Kulturen und Sprachen friedvoll um den einen Altar versammelt sind. Aber auch die alltägliche Messe daheim in der Pfarr- oder Klosterkirche setzt sich zusammen aus lauter friedensfördernden Elementen: Es beginnt mit dem Schuldbekenntnis anstelle von Schuldzuweisungen. Regelmäßig folgen Bibelstellen mit Gedanken zur Versöhnung. Sehr oft gibt es ausdrückliche Fürbitten um Frieden allerorten. Besonders dicht wird der Friedensgedanke rund um das Vaterunser, wo Friedensgebete einander die Hand reichen. Das setzt sich fort bis hin zum Ruf der Entlassung „Gehet hin in Frieden".

Aber die Messe ist weit mehr als eine Ansammlung von Friedensgebeten. Sie ist die Feier des Friedens schlechthin. Nach christlicher Überzeugung ist Frieden nicht bloß das Freisein von Krieg. Frieden im christlichen Sinn ist die Versöhnung der Menschheit mit Gott und untereinander. Diese Versöhnung aber ist schon geschehen, und zwar unwiderruflich. Gott selbst hat sie vollbracht in seinem Sohn: „Denn er ist unser Friede" (Eph 2,14). Der Friede hat also einen konkreten Namen: Jesus Christus. Und seine friedensstiftende Tat ist verbunden mit einem konkreten geschichtlichen Ort: Der Kreuzigungshügel vor den Toren Jerusalems. Der Kreuzestod Jesu „zur Vergebung der Sünden" (Mt 26,28) nahm allen Terrorgeschichten der Menschheit die Spitze und ist das Friedensabkommen schlechthin.

Dieses endgültige Friedensangebot muß allerdings von Generation zu Generation angeeignet und den einzelnen Menschen und Völkern zugewandt werden. Das geschieht vornehmlich in der Feier der heiligen Messe. Die Eucharistie stellt das Opfer des Kreuzes dar und macht es dadurch gegenwärtig, ist dessen Gedächtnis und wendet dessen Frucht zu (vgl. Katechismus Nr. 1366).

Wir bräuchten einiges an philosophischem Rüstzeug, um diese Aussage aus dem „Katechismus" zu entfalten. Was ist ein Gedächtnis, in dem ein Ereignis der Vergangenheit zugleich dargestellt und gegenwärtig gesetzt werden kann und zwar derart, daß die Früchte dieses vergangenen Ereignisses hier und heute geerntet werden können? Lassen wir anstelle von philosophischen Begriffserklärungen den Glaubenssinn des einfachen Volkes sprechen. Einfache Gläubige, die vielleicht täglich zur Messe kommen, sehen im „heiligen Meßopfer" (Katechismus Nr. 1330) schlicht und einfach die Zeit stillstehen. Es ist für sie bei der Messe so, als ob sie mitten hineingenommen wären in die kleine Gruppe von Getreuen, die mit Jesus unter dem Kreuz standen, Maria, Johannes, Magdalena …

Wie der Hebräerbrief sagt, hat Jesus mit seinem eigenen Blut eine „ewige Erlösung" (Hebr 9,12) vollbracht und ist damit in den Himmel gegangen, wo er die Erlösungstat ständig lebendig hält. Wenn wir zum Altar hintreten, treten wir als irdische Kirche in den Raum der himmlischen Kirche ein, wo das verklärte Kreuz Jesu steht, und nehmen geheimnishaft an der himmlischen Liturgie teil. Bei jeder Messe gilt das Wort: „Ihr seid hingetreten zum Berg Zion, zur Stadt des lebendigen Gottes, dem himmlischen Jerusalem, zu Tausenden von Engeln, zu einer festlichen Versammlung" (Hebr 12,22).

Wer also gläubig die Messe mitfeiert, nimmt teil an einer Friedenskundgebung besonderer Art. Er läßt sich in den Sog des Kreuzes aufnehmen, der die Menschheit vom Egoismus befreien will und zur Versöhnung mit Gott und untereinander führen möchte, einer Vorwegnahme des ewigen Friedens bei Gott. Von daher wird verständlich, daß wir im Dritten Eucharistischen Hochgebet groß und universell von der Eucharistie denken: „Dieses Opfer unserer Versöhnung schenke der ganzen Welt Frieden und Heil."

Mit einem speziellen Friedensgebet der Messe wollen wir uns ausführlicher beschäftigen: das Gebet unmittelbar nach dem Vaterunser, „Embolismus", „Einschaltgebet" genannt. Gemeint ist nicht eine Einschaltung wie im Fernsehen, wo mitten in einem Film eine ganz andere Nachricht oder ein Werbespot eingeschaltet werden. „Einschalten" meint hier die Aktualisierung einer Vaterunser-Bitte, nämlich der letzten: „Erlöse uns von dem Bösen". Diese Bitte ist so aktuell, so zeitgemäß, daß sie durch einen Nachklang verstärkt werden soll: „Erlöse uns, Herr, allmächtiger Vater, von allem Bösen und gib Frieden in unseren Tagen. Komm uns zu Hilfe mit deinem Erbarmen und bewahre uns vor Verwirrung und Sünde, damit wir voll Zuversicht das Kommen unseres Erlösers Jesus Christus erwarten."

Dieses Gebet stammt in seiner Grundstruktur aus der Zeit der Völkerwanderung. Daß es gerade so lautet, daran hat Papst Gregor der Große (590–604) seinen Anteil. In den von ihm erhaltenen Predigten können wir nachlesen, wie bedrängend die Not damals war. Die Horden der Langobarden waren vor den Stadttoren Roms. Mitunter war der Lärm der Gefechte so groß, daß er die Predigt und die Gesänge im Gottesdienst übertönte. Aus dieser Not heraus entstand der Ruf: „Gib Frieden in unseren Tagen." Ganz ähnlich lautet übrigens die Bitte im Ersten Eucharistischen Hochgebet, dem Römischen Meßkanon. Für diese Gebetsbitte ist ebenfalls Gregor der Große verantwortlich: „Ordne unsere Tage in deinem Frieden."

Schade, wenn bei Gottesdiensten dieses „Einschaltgebet" einfach übersprungen, das heißt ausgelassen wird! Das ist weder vom ehrwürdigen Ursprung noch von der Bedeutung des Gebetes her angemessen. Gerade heute haben wir wieder eine moderne Form der Völkerwanderung vor uns. Die neuerliche Durchmischung der Völker des europäischen Kontinents ist voll im Gang. Auch die Gefechte „wilder Horden", die denen der Völkerwanderungszeit gleichen, flakkern regelmäßig via Satellit über die Bildschirme, wenn wir die Nachrichten ansehen. Auf diesem Hintergrund möchte man fast täglich, ja stündlich bitten: „Gib Frieden in unseren Tagen und bewahre uns vor Verwirrung!"

Das Friedensangebot der Meßfeier setzt noch tiefer an. Im Friedensgebet des Priesters begegnet uns die Verheißung Jesu: „Frieden hinterlasse ich euch, meinen Frieden gebe ich euch“ (Joh 14,27). Wenn wir bedenken, daß durch das wirkmächtige Wort Jesu Kranke geheilt und sogar Tote auferweckt wurden, können wir uns vorstellen, wieviel spirituelle Kraft in der Anwendung dieses Friedenswortes auf unser Leben steckt.

Daß der in der Messe anschließende Friedensgruß – der mögliche bescheidene Austausch eines Friedenszeichens – erst nach dem Erklingen dieser Worte Jesu erfolgt, ist vielsagend: Die Gnade Gottes ermöglicht erst so recht die Friedenshandlungen des Menschen. Ohne die versöhnende Hand des Erlösers, die er uns vom Kreuz aus entgegenstreckt, werden auch unsere zaghaften Versuche des Händereichens nicht viel vermögen. Wichtiger als „shaking hands“ nach allen Richtungen ist bei der Meßfeier der Glaube an die Macht der kraftvollen Worte Jesu: „… meinen Frieden gebe ich euch; nicht einen Frieden, wie die Welt ihn gibt, gebe ich euch“ (Joh 14,27). Nicht Waffenstillstand, sondern Herzens-Wandlung ist der christliche Ansatz für den Frieden.

Ein eindrucksvolles Zeugnis für den Glauben an die friedensstiftende Macht der Eucharistie hat uns Schwester M. Pascalina Lehnert, die langjährige Haushälterin und Sekretärin von Papst Pius XII., hinterlassen. Sie berichtet, was dieser Papst während der Luftangriffe auf Rom im Zuge des Zweiten Weltkrieges immer wieder getan hat. Anstatt sich in den für ihn bereiteten bombensicheren Unterstand zu flüchten, begab sich Pius XII. in seine Hauskapelle, um dort bei einsetzendem Bombenalarm die Messe zu feiern. Einmal, kurz vor Mitternacht, waren die Angriffsziele besonders nahe und die Detonationen bis in die päpstliche Kapelle zu hören. Die an der Messe teilnehmende Hausgemeinschaft war voller Furcht. Dies alles irritierte Papst Pius nicht und hielt ihn nicht davon ab, die Messe in aller Ruhe zu Ende zu feiern. Auf die Frage, ob er denn nichts von den nahen Einschlägen gehört habe, antwortete er: „Es muß doch auch ein Blitzableiter sein in dieser großen Stadt" (Sr. M. Pascalina Lehnert, Ich durfte ihm dienen, S. 114).

Dieses Vertrauen in die „entstörende" Kraft der Eucharistie war keine private Frömmigkeitsübung eines Papstes, sondern echte Haltung des Glaubens angesichts des Zusammenpralls dunkler Mächte. Krieg und Frieden sind zuerst geistige Dimensionen, bevor sie sich im konkreten Einsatz von Waffen oder im Verzicht auf sie sichtbar machen. Die Feier der Eucharistie ist eine geistige Friedenswerkstatt, in der die „Schwerter zu Pflugscharen" (vgl. Jes 2,4) umgeschmiedet werden. Ein Grund mehr, die Messe möglichst oft und gläubig mitzufeiern!

Der Hochgesang der göttlichen Herrlichkeit

Es war während eines Exerzitienaufenthalts 1995 in Jerusalem. Der Kustos der St. Anna-Kirche – mitten im arabischen Viertel der Stadt – klagte über die Haltung der Touristen beim Besuch des Gotteshauses: „Man muß sich vor den Moslems schämen, die täglich Zeugen dieser schlampig gekleideten Touristen sind.“ Er hatte recht, ein Moslem würde nie in kurzen Hosen, kaugummikauend oder eisschleckend eine Moschee betreten. Welches Bild geben Christen vor Andersgläubigen, wenn sie ihre heiligen Stätten aufsuchen?

Der rote Faden von damals taucht immer wieder dann auf, wenn bei kirchlichen Feiern eine buntgemischte „christliche“ Gesellschaft zusammenkommt, etwa bei Hochzeiten. Es beginnt im Vorfeld, wenn Musikensemble, Blumenschmücker und das Fotografen- und Kamerateam eintreffen. Die Stille des Gotteshauses kann sich schlagartig in buntes Treiben verwandeln, wie vor dem Bühnenauftritt in einem Mehrzwecksaal. Mancher Fotograf – nicht alle! – geht zielstrebig in das Presbyterium, ohne um Erlaubnis zu fragen, stellt die Fototasche auf den Altar, packt die Objektive aus und sucht sich die optimale Position. Sogar schüchterne Priester können hier nicht wortlos zusehen: „Entschuldigen Sie. Aber was Sie hier beiseitegeschoben haben, ist eigentlich der Stuhl des Vorstehers. Hier steht der Priester während der Messe. Nehmen Sie doch bitte Ihre Tasche vom Altar und laufen Sie während der Messe nicht zuviel herum.“ Aber auch die Feiergesellschaft als solche kommt immer häufiger laut redend, manchmal lachend, in das Gotteshaus. Ohne ein Zeichen der Ehrfurcht läßt man sich im Kirchengestühl nieder, verschränkt die Arme und wartet, bis die „Vorstellung“ beginnt.

Wieder erinnere ich mich an Jerusalem, an den Besuch der jüdischen Synagoge unmittelbar an der Klagemauer. Sofort wurde ich von einem Ordner daran erinnert, daß ich keine „Kippa“ auf dem Haupt trage (die für jüdische Gotteshäuser vorgeschriebene Kopfbedeckung), eine Windböe hatte sie mir nämlich vor dem Eingang weggeweht. Drinnen bekam ich von einem Synagogendiener ein hebräisches Gebetbuch in die Hand gedrückt, und mit Deutlichkeit wurde mir klargemacht, daß hier kein Ort für Touristen und auch kein Museum sei.

Wie aber steht es bei uns Christen, wenn die eigenen Kirchendiener sich der Bedeutung ihrer Gotteshäuser nicht mehr ganz sicher sind? Da sieht und hört man Mitglieder von Kirchenchören während der Probepausen auf der Empore schwätzen und neue Erkenntnisse über Gartenpflanzen und Kochrezepte austauschen. Ministranten laufen mit Lutscher und Cola-Dose durch den Altarraum in die Sakristei. Und Priester, die im Zuge eines gemeinsamen Ausfluges eine Wallfahrtskirche besuchen, vergessen beim kunsthistorischen Rundgang die Kniebeuge vor dem Allerheiligsten. Neuerdings werden von kirchlichen Mitarbeitern im Kirchenraum Anrufe am Handy entgegengenommen wie in einem mobilen Pfarrbüro. Woher kommt dieser Mangel an Gespür? Ist er Ausdruck einer falschen Routine, oder sind es religiöse Abnützungserscheinungen?

Ein kleines Licht ging mir beim Anschauen eines Religionsheftes auf. Eine eifrige Schülerin hatte aus besonderem Fleiß religiöse Gedanken von einem Kinderbuch abgeschrieben: „Die Welt hat der liebe Gott einfach gezaubert. Er kann das, weil er der liebe Gott ist … Der liebe Gott lacht. Weil wir uns bemühen, gut zu sein, und weil alle Kinder seine Spielkameraden sein wollen. Einmal werden wir alle zusammensein. Für immer und ewig. Und wir werden jeden Tag lachen.“ Auch wenn es sich offenbar um ein Buch für die ganz Kleinen handelt, wird man doch nachdenklich: Wie sonderbar, Gott als Zauberer und lächelnder Spielkamerad! Beim Stöbern in religiösen Kinderbuchabteilungen stellt sich heraus, daß solche Gottesvorstellungen keine bloße Ausnahme sind. In einem neueren Meßbuch für Kinder wird das Letzte Abendmahl als die „allererste Christenparty“ erklärt und die vier Hauptteile der Messe mit vier Stücken eines Emmentaler-Käses verglichen.

In solchen religiösen „Kuscheltexten“ kommt exemplarisch zum Ausdruck, was in unseren Breiten im Umgang mit Gott schon länger zu beobachten ist: Eine „Soft-Welle“ hat sich des christlichen Gottesbegriffs bemächtigt. Diese schlägt sich auch in Verhaltensformen nieder. Wenn schon Kindern so von Gott erzählt wird, als wäre er einem niedlichen Stofftier ähnlich, das einem zuhört, wenn man es beim Schlafengehen mit ins Bett nimmt: Wie soll ihnen der Sinn für Heiliges vermittelt werden? Der rote Faden dieser Entwicklung schlängelt sich durch bis in die Gebetspraxis mancher Gottesdienste, wo Jesus nicht mehr als „unser Herr und Gott“, sondern nur mehr als „unser Bruder und Freund“ angeredet wird.

Halten wir solche Vorstellungen in das Licht der Weltreligionen außerhalb des Christentums – also noch gar nicht ins Licht der christlichen Offenbarung –, so wird uns kaum Zustimmung begegnen. Das Heilige hat in allen großen Religionen seinen festen Platz. Kein Moslem, kein Jude, aber auch kein Hindu würde auf die Idee kommen, die Gottheit als „Freund von nebenan“ anzureden.

Natürlich hat das Christentum – im Unterschied zu allen anderen Religionen – uns den „fernen“ Gott nahegebracht: Durch die Menschwerdung hat sich eine neue Gottesbeziehung aufgetan. Wir dürfen auf Jesu Wort hin Gott in familiärer Weise mit „Vater" anreden. Jesus selbst hat den Seinen ein freundschaftliches Verhältnis angeboten, indem er sie nicht mehr als Knechte bezeichnete, sondern ihnen mitteilte: „Ihr seid meine Freunde, wenn ihr tut, was ich euch auftrage" (Joh 15,14). Nach seiner Auferstehung sprach Jesus von den Jüngern als seinen „Brüdern" (Joh 20,17).

Aber nirgendwo in der biblischen Tradition oder in der urkirchlichen Gebetspraxis wurde aus diesem gnadenhaften Geschenk der Christusfreundschaft ein Anrecht abgeleitet, mit Gott oder mit Gottes Sohn wie mit einem „Kumpel" umzugehen. Gerade gotterfahrene Menschen, Heilige und Mystiker, scheuen sich, den Herrn in verniedlichender Weise anzusprechen. Die heilige Theresia von Avila ist eine der großen Lehrmeisterinnen des christlichen Betens. Aus ihrer tiefen Gebetserfahrung heraus definierte sie das innere Gebet als einen „freundschaftlichen Umgang, bei dem wir oftmals ganz allein mit dem reden, von dem wir wissen, daß er uns liebt". Trotzdem nannte Theresia in ihren Briefen Gott mit Vorliebe „die göttliche Majestät". Gerade in der Ehrfurcht vor dem Geheimnis Gottes offenbart sich seine Nähe, seine Menschenfreundlichkeit und Güte.

Noch eine Erfahrung aus dem Heiligen Land: Wir waren mit unserer kleinen Pilgergruppe in der Geburtsgrotte von Bethlehem. Ich hatte eine Miniaturbibel aus der Tasche gezogen, um daraus meinen

Begleitern das Evangelium von der Geburt Jesu vorzutragen. Ich las leise und verstummte schließlich ganz. Zeitgleich mit uns war nämlich eine Gruppe von Priestern des griechisch-katholischen Ritus im Raum. Auch sie hatten die Bibel dabei: Ein wunderschönes Evangeliar, das sie vor der Lesung würdevoll verehrten. Es war kein Gottesdienst, nur eine biblische Lesung – nein: keine Lesung, sondern ein wunderbarer, kunstvoller Gesang! Soweit es meine Kenntnisse des Altgriechischen zuließen, hörte ich heraus, wie in heutigem Griechisch das Kapitel von den Weisen aus dem Morgenland vortragen wurde, die gekommen waren, um dem Kind zu huldigen. Ihm zu huldigen, war nicht bloß die Kernaussage der Bibelstelle, sondern wurde ebenso durch die Art und Weise des Vortrags der heiligen Worte zum Ausdruck gebracht. Unter dem Lichtglanz zweier Kerzenleuchter wurde das Wort Gottes in die Geburtsgrotte hinein verkündet – es war in der Tat „Wort des lebendigen Gottes". Obwohl wir nur Bruchstücke des fremdsprachigen Evangeliums aufnehmen konnten, war es, als wäre gerade Weihnachten und die Weisen stünden vor dem Kind. Für uns war es fast beschämend: Wie konnten wir Westeuropäer nur so respektlos mit dem Wort Gottes umgehen: eine Minibibel im Plastikeinband, gerade so groß, daß sie in der Hosentasche Platz hat!

Nehmen wir den roten Faden kurz noch dort auf, wo sich das Zentrum des christlichen Gottesdienstes befindet. Das Fernsehen überträgt regelmäßig Gottesdienste an Sonntagen und von kirchlichen Großereignissen. Derartige liturgische Feiern scheinen gut gestaltet, manchmal sind sie exemplarisch anregend. Wo aber recht oft ein Unbehagen aufsteigt – gerade weil man es im Großbild hautnah miterlebt –, das ist der Augenblick der Kommunionspendung. Schon allein, daß Fernsehkameras den Leuten aufdringlich ins Gesicht blicken, ist nicht geschmackvoll. Manchmal läßt die hastige Art der Kommunion-Spendung den Eindruck entstehen: Wichtig ist, daß der Kommunionteil schnell abgewickelt wird.

Selbst bei Einschaltungen vom Petersplatz entsteht manchmal Verwunderung, wenn etwa Leute vom Kommunionspender über die Absperrung hinweg den Leib Christi wie ein „Ding“ entgegennehmen, in einer Hand die Digitalkamera, auf dem Kopf den Sonnenhut. Sicher, ab einer gewissen Teilnehmerzahl ist Gottesdienst-Feiern in Würde und Ruhe nicht so einfach. Aber gerade in der Kultur der Massenmedien ist zu bedenken: Fern- und Nahestehende, die das heilige Geschehen mitverfolgen, sollen schon rein optisch den Eindruck gewinnen, daß jetzt das Große geschieht, das Erhabene! Der innigste Augenblick der Messe ist da: Katholiken begegnen Christus, um mit ihm „ein Leib und ein Geist“ zu werden! Der Umgang mit dem Allerheiligsten einer Religion ist Ausdruck des Glaubensstandards ihrer Mitglieder.

Im bisher Gesagten wurden hauptsächlich Kontraste aufgezeigt. Nun wollen wir uns, um das Bild zu vervollständigen, dem Kernanliegen nähern: Das biblische Gottesbild zeigt uns Gott als das „mysterium tremendum et fascinosum“, wie die Theologen sagen, das „ehrfurchtgebietende und doch faszinierende Geheimnis“. Es wird schwer sein, in der Bibel auch nur eine einzige Stelle zu finden, wo ein Mensch seine Gotteserfahrung als ein warmes, ihn durchströmendes Gefühl wiedergibt, bei dem sich Gott ganz ungezwungen als freundlich lächelnder Partner zu erkennen gibt.

Die Gottesbegegnungen der Bibel beginnen durchwegs mit einem gewissen Erschrecken vor Gottes Heiligkeit. Diese überwältigt den Menschen so lange, bis Gott selbst sein „Fürchte dich nicht!“ ausspricht. Das war bei der Berufung Marias nicht anders als bei den Jüngern am Berg der Verklärung, bei Moses am brennenden Dornbusch oder beim Propheten Jesaja, dessen Berufung heute noch im „Sanctus“ der heiligen Messe nachklingt.

An dieser Stelle vereinen sich die zusammengetragenen Teile des roten Fadens zu einer Erkenntnis: In der Sprache sowohl der West- als auch der Ostkirche wird das Geschehen im Gotteshaus immer mit Ausdrücken umschrieben, die dem Bereich des Heiligen, des Sakralen angehören: Die heilige Liturgie, die heilige Messe, die göttliche Liturgie, die heiligen Geheimnisse, das heilige Opfer, die Feier der heiligen Mysterien, das heiligste Sakrament.

Das „Sanctus“ der Messe steht nicht zufällig kurz vor dem Mittelpunkt der Eucharistiefeier, es ist wie ein Schlüssel für das Verständnis des Ganzen. Wir haben es in der Liturgie mit dem heiligen Gott zu tun, der sich allerdings gerade im heiligen Geschehen so tief zu uns herabneigt wie in der Krippe von

Bethlehem oder am Kreuz in Jerusalem. Eben das wird uns im „Heilig, heilig, heilig“ vermittelt.

Weil im „Sanctus“ jedes Wort seine tiefe Bedeutung hat, sei es zunächst vollständig wiedergegeben: „Heilig, heilig, heilig, Gott, Herr aller Mächte und Gewalten. Erfüllt sind Himmel und Erde von deiner Herrlichkeit. Hosanna in der Höhe. Hochgelobt sei, der da kommt im Namen des Herrn. Hosanna in der Höhe.“

Zwei biblische Ereignisse fließen in diesem Gebetsruf ineinander: Das eine ist die eindrucksvolle Berufung des Jesaja im Jahre 739 vor Christus: „Im Todesjahr des Königs Usija sah ich den Herrn. Er saß auf einem hohen und erhabenen Thron. Der Saum seines Gewandes füllte den Tempel aus. Serafim standen über ihm ... Sie riefen einander zu: Heilig, heilig, heilig ist der Herr der Heere. Von seiner Herrlichkeit ist die ganze Erde erfüllt. Die Türschwellen bebten bei ihrem lauten Ruf, und der Tempel füllte sich mit Rauch“ (Jes 6,1–2.3–4).

Das Berufungserlebnis als eine Erfahrung der Heiligkeit Gottes war derart einschneidend, daß Jesaja nicht anders konnte, als zeit seines Lebens für „den Heiligen Israels“ einzutreten. Gleichzeitig ist Jesaja unter den alttestamentlichen Propheten derjenige, der wie kein anderer die frohe Botschaft des „Immanuel“ verkündete: Es wird eine Zeit kommen, in der es heißen wird „Gott ist mit uns“. Diese Verheißung hat sich erfüllt. Seit Nazareth und Bethlehem ist das Unfaßbare Wirklichkeit geworden. Wir können Gott ins Angesicht schauen, wenn wir das Gesicht Jesu betrachten. In Jesus Christus ist Gott wirklich mit uns.

Im „Sanctus“ der Messe ist nun die Schau des Jesaja – der Lobgesang der Engel auf Gottes Größe – mit einem zweiten biblischen Ereignis verknüpft, das Gottes Nähe verkündet: dem Einzug Jesu in Jerusalem. Das „Hochgelobt“, gleichsam die zweite Strophe des „Sanctus“, lenkt unsere Aufmerksamkeit auf den demütigen Gott, wie er sich in Jesus am Palmsonntag auf einem Esel sitzend offenbart, und wie die Leute ihm zurufen: „Gesegnet sei er, der kommt in Namen des Herrn. Hosanna in der Höhe“ (Mt 21,9). Das „Sanctus“ der Eucharistiefeier spannt somit den Bogen vom Himmel zur Erde: Es singt von einem Gott, der über alle Himmel erhaben und doch so menschenfreundlich ist, daß er in unscheinbarer Gestalt unter den Menschen wohnen will. Das „Heilig“ ist wirklich Drehscheibe für das einzigartige Gottesbild der christlichen Religion.

In der byzantinischen Liturgie, wie sie zum Beispiel im Orientalischen Kolleg in Eichstätt gefeiert wird, betet der Priester das Eucharistische Hochgebet halblaut in den Gesang des „Sanctus“ hinein. Die Wandlungsworte stehen buchstäblich im Schatten des Heiligliedes. Das ist ein eindrucksvoller Ausdruck dessen, was das „Sanctus“ („Heilig“) mit dem anschließenden „Benedictus“ („Hochgelobt“) wirklich will: Es will dem heiligen Gott im Himmel alle Ehre zukommen lassen. Zugleich grüßt dieses Lied den „Gott mit uns“, Christus, der sich in der Gestalt von Brot und Wein für uns hingibt, noch bescheidener als damals, als er auf einem Esel reitend in seine heilige Stadt einzog. Das „Sanctus" ist also eine wunderbare Synthese von himmlischer Liturgie – von dem, was die Engel und Heiligen im Himmel tun – und von demütiger Offenbarung Jesu, wie er sich in der Eucharistie für uns Menschen entäußert.

Ein Detail am Rande: In der deutschen Übersetzung des „Sanctus" wird Gott als „Herr aller Mächte und Gewalten" angeredet. Früher hieß es „Herr, Gott der Heerscharen". Im Zuge einer „Entmilitarisierung" des kirchlichen Sprachgebrauchs lehnte man sich an die Sprechweise des Apostel Paulus an, der wiederholt von Gottes unsichtbarer Schöpfung als den „Mächten und Gewalten" spricht (vgl. Kol 1,16). Eine andere Möglichkeit wäre gewesen, einfach das hebräische Urwort „Sebaot" unübersetzt stehenzulassen, wie es in manchen Sanctus-Vertonungen der Fall ist.

Unter „Jahwe Sebaot" stellte sich das Alte Testament Gott als Heerführer vor: Wie ein König oder Feldherr von seinen Heeren umgeben ist, so ist der Herr umgeben von den Engeln, seinem himmlischen Hofstaat. Mit dem Verweis auf „Jahwe Sebaot" zieht das „Sanctus" uns Erdenbewohner gleichsam in den himmlischen Bereich hinein, in Gottes unsichtbare Schöpfung. Heute hat in der Esoterik astrologisches Gedankengut Hochkonjunktur: das Vertrauen in Sternzeichen, Energiefelder und Geistwesen. Da tut die Kirche gut daran, zu verkünden, daß Gott Herr des ganzen Universums ist. Sterne, Energien und Kraftfelder sind keine selbständigen oder gar göttlichen Mächte. Im „Sanctus“ der Messe stellen wir uns bewußt unter die Schutzherrschaft Gottes und seiner heiligen Engel.

Es erübrigt sich zu sagen, daß das „Heilig“ der Messe in der Regel gesungen werden sollte und zwar als einer der kirchenmusikalischen Höhepunkte; und daß man statt des Heiligliedes nicht „Lobe den Herren“, „Großer Gott“ oder „Halleluja“ nehmen darf, so feierlich und stimmungsvoll diese Lieder auch sein mögen. Am Heiliglied haben die Engel mitgewirkt, es ist nicht allein von Menschenmund verfaßt. Für Musikgruppen, die den Gottesdienst mitgestalten, ist vielleicht der Hinweis hilfreich: Wie zum Höhepunkt bürgerlicher Feste oder bei Staatsempfängen die Nationalhymne eines Landes gespielt und gesungen wird, so ist das „Heilig“ eine internationale Gotteshymne, die von ihrem Wesen und ihrer Funktion her unaustauschbar ist. Es geht um den „Staatsempfang“ für Christus, unseren höchsten Herrn. Liturgische Gesänge sind nicht als Umrahmung gedacht, sondern als Teil der Liturgie selbst.

Schade, daß im deutschen Sprachraum wenige Heiliglieder als Volkslieder existieren, die sowohl vom Text als auch von der Melodie her wirklich zufriedenstellend sind. Manche Gottesloblieder werden als zu trocken empfunden, um das Volk Gottes in himmlische Verzückung zu versetzen. Andere Heiliglieder wiederum weichen derart vom Originaltext ab, daß sie eigentlich liturgisch ungeeignet sind. Natürlich kann an Feiertagen der Kirchenchor im Namen der versammelten Gemeinschaft mit einem „Sanctus“

und „Benedictus“ aus der Feder von Palestrina, Bruckner oder Mozart die Ehre Gottes verkünden und das Herz der Versammelten erfreuen. Bemerkenswert ist das Phänomen, daß in neueren kirchlichen Gemeinschaften ein Liedgut heranwächst, das im Klang zeitgemäß und im Inhalt liturgiegemäß ist. Offenbar gibt es noch immer die Freude an sakraler Musik und gute zeitgenössische Komponisten.

Kann Menschen unserer Tage das Heilige vermittelt werden? Eine Beobachtung aus einer mehrjährigen Erfahrung in der Kinder- und Ministrantenpastoral: Kinder sind im Grunde besonders anspruchlose Gottesdienstteilnehmer. Als junger Kaplan meint man, nur mit einer aufwendigen Gottesdienst-Gestaltung Kinder faszinieren zu können und das liturgische Geschehen mit „kindgerechten“ Auflockerungen schmackhaft machen zu müssen. Im Laufe der Jahre belehren einen die Kinder, daß es viel einfacher geht. „Das Heilige“ berührt Kinder innerlich. Ein Beispiel: In meinen beiden Pfarreien ist an Sonntagen und Feiertagen das „Wandlungsläuten“ üblich. Altarglocken und die große Kirchturmglocke läuten in unmittelbarem Anschluß an die Wandlungsworte. Schon oft war es so: Wenn recht viele unruhige Kleinkinder den Gottesdienst auf ihre Art mit Geräuschen begleiteten, im Augenblick des Wandlungsläutens wurde es auffallend still. Und nach manchem ganz schlicht gefeierten Schülergottesdienst stellte der eine oder andere Schüler die Frage: „Ist heute abend wieder eine Messe? Dann möchte ich gern noch einmal kommen.“ Ein Zeichen, daß hier eine echte Gottesbegegnung stattgefunden hat! Eine Zehnjährige drückte ihre Freude am häufigen Mitfeiern der Werktagsmesse so aus: „Ich liebe es, in die Kirche zu gehen, denn da ist es so ruhig und friedlich."

Ähnliche Erfahrungen gibt es in der Krankenpastoral. Inmitten von dem, was die Kirche täglich tut, kann plötzlich die Gegenwart Gottes aufleuchten. Im schlichten Dienst der Sakramente kann Gottes Heiligkeit durchbrechen. Einmal war ich zu Besuch bei einer schwerkranken jüngeren Frau, wenige Wochen vor ihrem Tod. Ohne besondere religiöse Gefühle trat ich ans Krankenbett. Mit „Herr Pfarrer, heute sind Sie nicht allein!" wurde ich begrüßt. Ich war verblüfft, und doch mußte ich nicht lange nach einer Erklärung suchen: „Sie haben recht, wir sind zu zweit. Der Herr im Allerheiligsten Sakrament ist bei mir." Offenbar hatte Christus das Herz der Kranken derart berührt, daß sie ihn ohne meinen Hinweis erkennen konnte. Derartige Erlebnisse ermutigen, den „Schatz", der uns in „zerbrechlichen Gefäßen" (2 Kor 4,7) anvertraut ist, mit noch mehr Glauben, Ehrfurcht und Hingabe zu hüten.

Die Beispiele mangelnden Gespürs für das Heilige am Beginn dieses Kapitels waren teilweise noch nicht im eigentlichen Bereich des sakramentalen Handelns angesiedelt. Sie betreffen mehr den Raum und die Vorbereitung des Gottesdienstes. Aber gerade in unserer Zeit bedarf es schon im Vorfeld der heiligen Geheimnisse des aufmerksamen Gespürs. Nur so kann der Mensch in dem Vielerlei, das uns umgibt, das Geheimnis Gottes „wahrnehmen". In einer Welt, die immer säkularer wird, gewinnen heilige Orte und Zeichen zunehmend an Bedeutung. Professor August Everding, ehemaliger Präsident des deutschen Bühnenvereins, formulierte es in bezug auf das Gotteshaus so: „Die Kirche ist kein Mehrzweckraum. Der Gläubige geht in einen ‚bestimmten' Raum zu etwas Bestimmtem, für das er nicht der Bestimmende ist."

Dieser bestimmte Raum ist „Gottes Wohnung unter uns … Das Haus Gottes muß eine Seele ausstrahlen. Es soll eine Stätte sein, die in ihrem Schmuck und in ihrer Schönheit die Haltung der Hochachtung, der Ehrfurcht, der Verehrung und der innigen Anbetung des Volkes Gottes zum Ausdruck bringt" (Julia Verhaeghe, Gründerin der geistlichen Familie „Das Werk").

Was auf den Menschen einladend wirkt, ist oft das gewisse Etwas, die Atmosphäre, die Sauberkeit, der Schmuck … mit einem Wort: die Liebe zum Haus des Herrn und – ganz allgemein – zu den Schätzen unseres Glaubens. Auch im Gottesdienst ist es gerade der kleine Unterschied, an dem die Gegenwart des Herrn gläubig erkannt und manchmal sogar erfahren wird. Wie gehen wir mit der einzigartigen Tatsache um, daß der Herr selbst in seinem Wort und in seinen Sakramenten immer mit uns ist? Die Ehrfurcht vor dem Heiligen wird sich als sicherer Ausdruck unserer Liebe zu ihm erweisen.

Zum Schluß möchte ich den berühmten englischen Konvertiten und Kardinal John Henry Newman zu

Wort kommen lassen: „Im Himmel wird die Liebe die Furcht verschlingen; aber in dieser Welt müssen Furcht und Liebe zusammengehen. Niemand kann Gott recht lieben ohne ihn zu fürchten … Niemand liebt wirklich einen anderen, der nicht eine gewisse Ehrfurcht vor ihm fühlt. Wenn Freunde diese Beherrschtheit ihrer Zuneigung überschreiten, können sie zwar fortfahren, eine Zeitlang Kameraden zu sein, aber sie haben das eigentliche Band zerrissen. Es ist die gegenseitige Achtung, welche die Freundschaft dauerhaft macht … So ist es auch im Religiösen. Wir können nicht Christi Erbarmungen verstehen, so lange wir nicht seine Macht, seine Herrlichkeit, seine unaussprechliche Heiligkeit und unsere Schuld verstehen; das heißt so lange wir ihn nicht zuerst fürchten."

Das Sakrament der Liebe

Ein Vorwurf, dem praktizierende Katholiken wiederholt ausgesetzt sind, lautet: Sie würden dauernd in die Kirche springen, doch Nächstenliebe sei nicht ihre Stärke. Dieser Vorwurf ist eine unzulässige Verallgemeinerung, ähnlich der Behauptung: die Jugend von heute sei unhöflich, aggressiv und asozial. Das stimmt natürlich nicht! „Die schlechte Jugend von heute" gibt es nicht. Es gibt nur die verschiedenen Jugendlichen, unter denen – neben Verhaltensauffälligen – viele wunderbare Menschen sind, von denen auch Erwachsene lernen können. Manchmal scheint die Unterstellung, Menschen, die sich viel in der Kirche aufhalten, seien „bigott", aber nicht sozial, eine unterschwellige Rechtfertigung für eigenes Verhalten, nach dem Motto: Ich gehe zwar selten in die Kirche; aber dafür bin ich ein guter Mensch. In der Seelsorge begegnet man dieser Denk- und Argumentationsweise recht häufig.

Sind die treuen Meßbesucher, die dem Gebot Jesu zufolge sein Gedächtnis begehen, tatsächlich nur fromm, aber schwach in tätiger Nächstenliebe? Diesen Vorwurf zu entkräften, reichen ein paar bedruckte Seiten nicht aus. Vorwürfen kann man letztlich nicht mit Tinte, sondern nur mit dem konkreten Leben entgegnen.

Zunächst aber wollen wir uns vergewissern, wie der innere Zusammenhang zwischen Eucharistie und christlicher Liebe aussieht. Die Eucharistie ist das „sacramentum caritatis", das Sakrament der Liebe Gottes, das bei richtigem Mitvollzug gar nichts anderes sein kann als eine ständige „schola caritatis", eine Schule der Liebe. Jesus selbst hat seinen Jüngern diese innere Verbindung einprägsam vorgeführt, indem er das Abendmahl mit der Fußwaschung begonnen hat. Es ist vielsagend, daß der Evangelist Johannes von der Einsetzung der Eucharistie so gut wie nichts berichtet, dafür aber ausführlich beschreibt, wie Jesus seinen Jüngern die Füße wäscht.

Die pädagogische Methode Jesu war zeit seines Lebens mehr auf Beispiel als auf Belehrung aufgebaut: „Ich habe euch ein Beispiel gegeben, damit auch ihr so handelt, wie ich an euch gehandelt habe" (Joh 13,15). Fußwaschung und Eucharistie liegen nicht nur zeitlich, sondern auch inhaltlich nah beisammen. Wir Menschen neigen von Haus aus dazu, uns selbst darzustellen, uns bedienen zu lassen, gern im Mittelpunkt zu stehen, Erwartungen an andere zu haben, Ehre für uns zu beanspruchen. In der Fußwaschung geht Jesus ganz in die andere Richtung: Er, „der Herr und Meister" (Joh 13,14), bückt sich bis zum Boden, um seine Jünger wie ein Sklave zu bedienen. Er stellt sich bewußt auf den letzten Platz. Der Gestus der Fußwaschung ist ein Kristallisationspunkt einer langen Kette von Erniedrigungen im Lebenslauf Jesu, beginnend mit der Armut der Krippe bis hin zur letzten Hingabe am Kreuz. Das Sich-Erniedrigen setzt sich nach dem Letzten Abendmahl in steigender Tendenz fort: Jesus geht hinaus in die Nacht, wird von allen verlassen, läßt sich fesseln und abführen, nimmt das ungerechte Urteil an ... Die Selbstentäußerung Gottes geht so weit, daß er sich alles nehmen läßt, nicht bloß sein Gewand, den letzten irdischen Besitz. Jesus verzichtet am Kreuz noch auf den letzten Trost, er durchkostet die Not der äußersten Verlassenheit, denn „die Liebe hört niemals auf" (1 Kor 13,8).

Die Fußwaschung muß für die Jünger in dem ganzen Passionsgeschehen – allerdings erst in der Rückschau, als sie es zu verstehen anfingen – zum Schlüssel geworden sein, der ihnen das Herausragende an der Person Jesu erschlossen hat: Gottes Sohn hat sich selbst entäußert bis in den Tod. Deshalb – weil er für sich keine Erwartungen stellte – schien es Jesus auch nichts auszumachen, daß die Jünger ihn bei seinem Tun nicht verstanden. „Später wirst du es begreifen" (Joh 13,7), ließ Jesus den Simon Petrus wissen. Nicht: verstanden werden, geehrt werden, bedient werden, sondern: verstehen, ehren, dienen ... bis ins Detail – das ist der Weg Jesu.

Das Vierte Eucharistische Hochgebet fügt, um uns den eigentlichen Sinn der Meßfeier zu erschließen, unmittelbar vor dem Wandlungsgeschehen die Bemerkung ein: „Da er die Seinen liebte ... liebte er sie bis zur Vollendung". Dieser Satz ist im Johannesevangelium der Fußwaschung vor- und zugeordnet (Joh 13,1). Damit weist sich die Meßfeier als vollendeter Liebeserweis Gottes an uns Menschen aus, als Überbietung der Fußwaschung: Jesus kommt noch demütiger zu uns, noch kleiner, unscheinbarer, unaufdringlicher, in der Gestalt des Brotes, der Nahrung der Armen.

Von Kindheit an wurden wir nun belehrt, daß in der Feier der Messe die Wandlung der Höhepunkt ist. Wandlung aber heißt nicht bloß, daß Brot und Wein zu Leib und Blut Jesu werden. Wandlung heißt auch, wir sollen gewandelt werden; nicht nur in dem einen oder anderen Bereich unseres Lebens, es geht um das Ganze der christlichen Existenz. Die übernatürliche Liebe muß unsere innerste Lebenskraft werden, unser innerer Antrieb in allem Denken, Reden und Tun. „Die Liebe ist langmütig, die Liebe ist gütig. Sie ereifert sich nicht, sie prahlt nicht, sie bläht sich nicht auf. Sie handelt nicht ungehörig, sucht nicht ihren Vorteil, läßt sich nicht zum Zorn reizen, trägt das Böse nicht nach" (1 Kor 13,4–5).

Jede Feier der Messe setzt die Kette von „Verknüpfungen“ fort: Der Sohn in Gottesgestalt wird zum Gott in Sklavengestalt, zum Gott in Brotsgestalt. Er, der sich unseretwegen klein, unscheinbar, verborgen, demütig macht, will in uns sein Werk fortsetzen! Welcher Gottesdienstteilnehmer könnte da noch groß und wichtig sein wollen? Aber Christus wird auch uns noch ein wenig Zeit lassen: Was er in der Feier der Messe an uns tut, verstehen viele vielleicht jetzt noch nicht – später werden sie es begreifen, wie Simon Petrus (Joh 13,7).

Wer ständig zum Brunnen geht, kann nicht anders als gereinigt werden, außer er tritt mit dem Vorsatz zum Brunnen heran, das reinigende Wasser zu scheuen. So ist es mit jedem, der zum Altar Gottes hintritt: Er kann eigentlich gar nicht anders als in den Sog der Liebe hineingezogen zu werden, der von der Liebe Christi ausgeht.

Merkt man dies nun den treuen Gottesdienstfeiernden an? Leben sie aus der Liebe Christi? Sehen sie, die Christus so oft in der Gestalt des Brotes empfangen, ihn auch in der Gestalt der Brüder und Schwestern? Ist ihnen bewußt: „Was ihr für einen meiner geringsten Brüder getan habt, das habt ihr mir getan“ (Mt 25,40)? Wie bereits gesagt, ist es schwierig, derartige Beweise mit Tinte zu erbringen. Natürlich gibt es bedauerliche Beispiele des Ungenügens und des Versagens unter praktizierenden Christen. Lieblosigkeit schmerzt gerade dann, wenn sie von „frommen“ Menschen ausgeht.

Zugleich zeigt die weltweite Erfahrung: Besonders treue Meßbesucher sind oft ebenso treue Zeugen echter Menschlichkeit. Wenn sie von der Messe heimkommen, kümmern sie sich liebevoll um kranke Angehörige in Dauerpflege. Es gibt Gläubige, die schwierigste Situationen in Partnerschaft und Familie ertragen oder aus dem Meßopfer Geduld schöpfen im Umgang mit eigenen seelischen und körperlichen Leiden. Wie viele aufmerksame Mütter und Großmütter tragen die Lasten ihrer Angehörigen in großer Treue zum eucharistischen Jesus und schenken ihrer Familie geistigen Rückhalt durch ihr Leben aus dem Gebet! Zahlreiche Ordensleute leben mit Schwerstbehinderten in Wohngemeinschaft oder haben eine „Fazenda da Esperança“ für Drogenabhängige aufgebaut, weil sie sich von der Hingabe Christi in der heiligen Eucharistie inspiriert wissen.

Ein besonderer Liebesdienst von eifrigen Gottesdienstteilnehmern ist die Sorge um die Verstorbenen. Sie schenken den „Armen Seelen“, wie sie sagen, ihr fürbittendes Gebet, besonders denen, die der Barmherzigkeit Gottes am meisten bedürfen. Auch dies ist ein zwar unauffälliger, aber sicher nicht unbedeutender Dienst an den „Armen“. Einmal bin ich einem Pensionisten begegnet, der wohl keine Werktagsmesse ausgelassen hat, und dann den ganzen Tag über Anwalt jener war, die nicht auf die Sonnenseite des Lebens gefallen sind. Beeindruckend ist auch das Zeugnis des Sakristans der St.-Philips-Church in Franklin, der im Auftrag seiner Pfarrgemeinde nach der Messe die Gefangenen besucht, nach dem Wort Jesu: „Ich war im Gefängnis, und ihr seid zu mir gekommen“ (Mt 25,36). Dieser Dienst ist offenbar Teil eines weitreichenden sozialen Wirkungsradius', den sich eine katholische Pfarre in der Diaspora erstellt hat, im Sinne eines authentischen Christentums.

Ein überaus bewegendes Beispiel, wie die Verehrung der heiligen Eucharistie zum Gipfel christlicher Liebe führen kann, ist jenes von Dr. Annalena Tonelli. Sie scheint eine Art „Mutter Theresa" von Afrika zu sein. Schon als Kind war sie sich sicher, daß sie einmal anderen helfen werde. Als junge Frau von 26 Jahren führte sie der Ruf Christi auf den afrikanischen Kontinent, wo sie ein Leben der Hingabe an die Armen und Leidenden lebte. Im vom Bürgerkrieg heimgesuchten Somalia wirkte Annalena Tonelli als Friedensstifterin zwischen Volksgruppen, Kulturen und Religionen, betreute Flüchtlinge, half Tuberkulose-, Augen- und Aidskranken und engagierte sich im Schulwesen. Es ist staunenswert, welche Formen der organisierten und hochqualifizierten Nächstenliebe sie in über 30 Jahren ihres Wirkens auf die Beine gestellt hat.

Als Annalena Tonelli am 5. Oktober 2003 auf dem Gelände der von ihr gegründeten Klinik in Baroma brutal ermordet wurde, gab es Trauer um eine international geachtete große Frau. Wenige Monate zuvor hatte der UN-Flüchtlingskommissar ihr den Nansen-Flüchtlingspreis für ihre humanitäre Arbeit mit vertriebenen Somaliern verliehen.

Es ist erfreulich, wenn ein Mensch, der auszog, um Jesus zu folgen, um ihm in den Ärmsten der Armen zu dienen, von säkularen Behörden gewürdigt wird. Daß aber die heilige Eucharistie die verborgene

Quelle dieses bewundernswerten Lebens für andere war, ist erst nach ihrem Tod durchgesickert. Weil Annalena als Christin ganz allein in muslimischer Umgebung lebte, wurde ihr schon 1971 das kirchliche Privileg geschenkt, die heilige Eucharistie dauernd bei sich zu haben. Bischof Giorgio Bertin erneuerte diese Zusage und feierte mit ihr im August 2003 in Borama die letzte Messe ihres Lebens. Er berichtet:

„Am Ende – nur ich und sie waren anwesend – tauschte ich die geweihte Hostie aus und gab ihr in einem Kelchtuch einen Teil der großen Hostie, mit der ich das Meßopfer gefeiert hatte. Diese Hostie fand mein Generalvikar eine Woche nach der Ermordung von Annalena wieder. Nach eingehender Suche fand er sie in ihrer Praxis in einem kleinen weichen Lederbeutel, zusammen mit einem franziskanischen Kreuz. In einem Kelchtuch befand sich die Hälfte der konsekrierten Hostie – die Hälfte, die ich ihr gegeben hatte. Die Eucharistie gab ihr inneren Frieden und ließ sie sagen: ‚Dort ist er. Seine Stimme verläßt mich nie. Ich kenne sie schon gut, denn sie ist in mein Herz eingeschrieben. Nichts ist wichtiger als mein Innehalten vor ihm. Ich kenne seine Stimme besser als meine eigene Stimme und meine eigenen Gedanken. Sie erfüllt mich mit der Gewißheit des Paradieses und mit einem nicht zu unterdrückenden Verlangen, bei ihm zu bleiben, zusammen mit der Unruhe über das Leiden der Welt und mit dem Auftrag des Herrn, mich in dieses Leiden zu versenken.'"

Annalena Tonelli war offenbar auf ihrem Glaubensweg dorthin gelangt, wo Christen dem Willen des Herrn entsprechend sein sollten. Sie konnte in der Feier der Eucharistie auf die Aufforderung des Priesters „Erhebet die Herzen“ mit ganzem Herzen antworten: „Wir haben sie beim Herrn“. Ihre eucharistische Versenkung in Christus machte sie weder schwerhörig noch schwerfällig gegenüber dem Leiden der Welt. Vielmehr gab ihr das Eintauchen in den Kelch des Heiles die Kraft, ihr eigenes Blut und Leben hinzugeben für die Brüder und Schwestern. Zusammen mit den vielen, die aus der Kraft der Eucharistie ihr Leben haben wandeln lassen, kann uns das Beispiel von Annalena Tonelli anregen, die Bitte im Zweiten Eucharistischen Hochgebet künftig „todernst“ zu nehmen: „Vollende dein Volk in der Liebe.“

Gebet von John Henry Newman zu Christus in der heiligen Eucharistie

O heiliges und gütiges Herz Jesu,
Du bist verborgen in der heiligen Eucharistie
und schlägst noch immer für uns.
Ich bete Dich an mit größter Liebe und Ehrfurcht,
mit glühender Hingabe,
mit demütigem und festem Willen.
O mein Gott, wenn Du mich würdigst,
Dich als Speise und Trank zu empfangen,
und Du für eine Weile in mir Wohnung nimmst,
dann gib, daß mein Herz mit dem Deinen schlägt!
Reinige es von allem Irdischen,
von allem Stolz und aller Sinnlichkeit,
von aller Härte und Erbarmungslosigkeit,
von aller Verkehrtheit, Unordnung und Gleichgültigkeit! Erfülle es so mit Dir,
daß weder die Ereignisse des Tages
noch die Umstände der Zeit
die Macht haben, es zu beunruhigen,
und daß es in Deiner Liebe und in Deiner Furcht
den Frieden habe.
Amen.

Gebet für Gläubige, die die heilige Kommunion nicht empfangen können

Herr Jesus Christus, in der heiligen Kommunion schenkst du dich deinen Gläubigen und machst sie zu lebendigen Gliedern deiner Kirche. Ich möchte mich gerne mit dir vereinigen. Nimm mich auf in die Gemeinschaft mit dir. Schenke mir alle notwendigen Gnaden für mein Leben. Erfülle mich mit deinem Heiligen Geist und seinen reichen Gaben. Laß mich deinen Willen immer besser erkennen und auf deine barmherzige Liebe vertrauen. Schenke mir und meinen Lieben alle Früchte dieses heiligen Meßopfers. Gib mir Stärke, Mut und Ausdauer, Glauben, Hoffnung und Liebe. Nimm alle, die ich dir in meiner Familie anvertraue, unter deinen göttlichen Schutz und führe sie zum Heil. Mach mich eines Tages wieder bereit, dich auch leiblich in der heiligen Kommunion zu empfangen. Den Schmerz, dich derzeit nicht im heiligsten Sakrament aufnehmen zu können, opfere ich dir auf. Laß alles zum Segen werden für mich und viele andere. Heilige Gottesmutter Maria, ich möchte wie du Jesus nahe sein. Schenke mir deinen Sohn als geistliche Gabe. Amen.

Scott Hahn

Das Mahl des Lammes

Die Messe als Himmel auf Erden

Kein Buch der Bibel ist so rätselhaft wie die Apokalypse. Scott Hahn studierte sie wissenschaftlich zwanzig Jahre lang - vergebens. Erst als der protestantische Pastor sich der katholischen Kirche zuwandte und begann, regelmäßig die Messe zu besuchen, fand er Zugang zur Geheimen Offenbarung des Johannes. Die heilige Messe ist der einzige Weg, das Buch der Offenbarung zu verstehen, wie dieses umgekehrt unser Verständnis des Meßopfers erschließt. In jeder Meßfeier berühren sich Himmel und Erde, ist Christus anwesend und lädt uns zu seinem ewigen „Mahl des Lammes".

ISBN 978-3-929246-94-0
gebunden, 176 Seiten